◎ 2018年度福建省高校人文社科研究基地乡村旅游研究中心

（"福建省"茶文化主题"乡村旅游品牌建设研究"项目的阶段性成果）

◎ 福建农林大学校级科技创新专项基金：

福建省"茶文化主题"乡村旅游品牌建设研究（CXZX2018029）

◎ 福建农林大学安溪茶学院教育发展基金会资助

◎ 农业农村部资助项目：福建省安溪县现代农业产业园建设

（项目号：KMD18003A）资助

品牌茶叶的消费者忠诚行为形成机理研究

◎刘路星 著

吉林大学出版社
·长春·

图书在版编目（CIP）数据

品牌茶叶的消费者忠诚行为形成机理研究 / 刘路星
著 . —长春：吉林大学出版社，2020.7
ISBN 978-7-5692-6056-4

Ⅰ.①品… Ⅱ.①刘… Ⅲ.①茶叶 – 消费者行为论 –
研究 – 中国 Ⅳ.① F724.782

中国版本图书馆 CIP 数据核字 (2019) 第 298448 号

书　　名　品牌茶叶的消费者忠诚行为形成机理研究
　　　　　PINPAI CHAYE DE XIAOFEIZHE ZHONGCHENG XINGWEI
　　　　　XINGCHENG JILI YANJIU

作　　者　刘路星　著
策划编辑　李承章
责任编辑　安　斌
责任校对　王　洋
装帧设计　云思博雅

出版发行　吉林大学出版社
社　　址　长春市人民大街 4059 号
邮政编码　130021
发行电话　0431-89580028/29/21
网　　址　http://www.jlup.com.cn
电子邮箱　jdcbs@jlu.edu.cn
印　　刷　湖南省众鑫印务有限公司
开　　本　787 mm×1092 mm　　1/16
印　　张　12.5
字　　数　180 千字
版　　次　2020 年 7 月第 1 版
印　　次　2020 年 7 月第 1 次
书　　号　ISBN 978-7-5692-6056-4
定　　价　88.00 元

目　　录

第1章　绪　论 ……………………………………………………… 1

1.1　研究的背景和意义 …………………………………………… 1

1.1.1　研究背景 ………………………………………………… 1

1.1.2　研究意义 ………………………………………………… 2

1.2　研究的目的和内容 …………………………………………… 3

1.2.1　研究目的 ………………………………………………… 3

1.2.2　研究内容 ………………………………………………… 4

1.3　研究方法和技术路线 ………………………………………… 6

1.3.1　研究方法 ………………………………………………… 6

1.3.2　技术路线图 ……………………………………………… 7

1.4　研究的创新 …………………………………………………… 7

1.4.1　研究的内容方面 ………………………………………… 7

1.4.2　研究的视角方面 ………………………………………… 8

1.4.3　研究的时效性方面 ……………………………………… 8

第2章　理论基础与文献综述 ……………………………………… 9

2.1　概念界定 ……………………………………………………… 9

2.1.1　品牌茶叶 ………………………………………………… 9

2.1.2　忠诚行为 …………………………………………………10

2.2　理论基础 ··10

2.2.1　4R 理论 ···10

2.2.2　消费者行为理论 ··12

2.2.3　关系营销理论 ···13

2.2.4　整合营销理论 ···15

2.2.5　计划行为理论 ···16

2.3　文献综述 ··17

2.3.1　关于消费者忠诚行为的研究进展 ···············17

2.3.2　关于转换成本的研究进展 ··························28

2.3.3　关于满意度的研究进展 ·····························31

2.3.4　关于品牌形象的研究进展 ··························36

2.3.5　关于服务品质的研究进展 ··························40

第3章　当前茶叶市场的状况和存在的问题 ················46

3.1　茶叶产品的特征概述 ··46

3.1.1　绿茶 ··47

3.1.2　黄茶 ··47

3.1.3　黑茶 ··47

3.1.4　黄茶 ··47

3.1.5　白茶 ··48

3.1.6　青茶 ··48

3.2　茶叶消费者的特征分析 ··48

3.2.1　茶叶消费者具有主观性 ·····························48

3.2.2　茶叶消费者的涉入程度不同 ······················49

3.2.3　茶叶消费者的购买用途不同 ······················49

3.2.4　茶叶消费者具有圈层性 ·····························50

3.2.5　茶叶消费者具有多群组性 ··························51

3.3　茶叶市场的特征分析 ··51

　　3.3.1　当前茶叶市场的产销情况 ·····························51

　　3.3.2　茶叶市场的生产者的情况 ·····························53

　　3.3.3　茶叶市场的零售商的情况 ·····························53

3.4　茶叶市场营销的约束条件和存在的问题分析 ··········55

　　3.4.1　宏观市场营销环境分析 ·······························55

　　3.4.2　微观市场营销环境分析 ·······························57

3.5　本章小结 ··60

第4章　理论模型与研究假设 ··62

4.1　理论模型 ··62

　　4.1.1　逻辑模型的提出 ·······································62

　　4.1.2　理论模型的提出 ·······································64

4.2　研究假设 ··68

　　4.2.1　服务质量对满意度的影响 ·····························68

　　4.2.2　品牌形象对忠诚行为的影响 ·························69

　　4.2.3　转换成本对忠诚行为的影响 ·························70

　　4.2.4　满意度对忠诚行为的影响 ·····························71

　　4.2.5　茶叶消费者特征对忠诚行为形成的调节效应影响 ········71

4.3　本章小结 ··73

第5章　测量指标的产生与预调查 ·····································75

5.1　问卷设计 ··76

　　5.1.1　问卷的基本内容 ·······································76

　　5.1.2　问卷的设计过程 ·······································76

5.2　问卷设计与专家调研 ································78

　　5.2.1　问卷设计 ···78

　　　　5.2.2　专家调研结果分析 ⋯⋯⋯⋯⋯⋯⋯⋯⋯⋯⋯86

　　5.3　预调查的测量项目验证 ⋯⋯⋯⋯⋯⋯⋯⋯⋯⋯⋯⋯88

　　　　5.3.1　品牌形象的初始量表修正 ⋯⋯⋯⋯⋯⋯⋯⋯89

　　　　5.3.2　满意度的初始量表修正 ⋯⋯⋯⋯⋯⋯⋯⋯⋯91

　　　　5.3.3　转换成本的初始量表修正 ⋯⋯⋯⋯⋯⋯⋯⋯93

　　　　5.3.4　忠诚行为的初始量表修正 ⋯⋯⋯⋯⋯⋯⋯⋯95

　　　　5.3.5　服务品质的初始量表修正 ⋯⋯⋯⋯⋯⋯⋯⋯95

　　5.4　本章小结 ⋯⋯⋯⋯⋯⋯⋯⋯⋯⋯⋯⋯⋯⋯⋯⋯ 103

第 6 章　忠诚行为形成机理的结构方程模型检验 ⋯⋯⋯⋯⋯⋯⋯ 104

　　6.1　数据收集与描述性统计 ⋯⋯⋯⋯⋯⋯⋯⋯⋯⋯⋯⋯ 104

　　　　6.1.1　调查问卷的发放与数据收集 ⋯⋯⋯⋯⋯⋯⋯ 104

　　　　6.1.2　样本的描述性统计特征 ⋯⋯⋯⋯⋯⋯⋯⋯⋯ 109

　　　　6.1.3　样本数据缺失值的处理 ⋯⋯⋯⋯⋯⋯⋯⋯⋯ 114

　　　　6.1.4　基本数据的正态性鉴定 ⋯⋯⋯⋯⋯⋯⋯⋯⋯ 115

　　　　6.1.5　样本数据多重共线性的检验 ⋯⋯⋯⋯⋯⋯⋯ 117

　　　　6.1.6　样本数据共同方法变异的检定 ⋯⋯⋯⋯⋯⋯ 117

　　6.2　数据的信度和效度分析 ⋯⋯⋯⋯⋯⋯⋯⋯⋯⋯⋯⋯ 120

　　6.3　基于结构方程模型的检验 ⋯⋯⋯⋯⋯⋯⋯⋯⋯⋯⋯ 123

　　　　6.3.1　结构方程模型的初构 ⋯⋯⋯⋯⋯⋯⋯⋯⋯⋯ 123

　　　　6.3.2　结构方程模型的检定力检验 ⋯⋯⋯⋯⋯⋯⋯ 123

　　　　6.3.3　结构方程模型的修正 ⋯⋯⋯⋯⋯⋯⋯⋯⋯⋯ 125

　　　　6.3.4　结构方程模型路径系数的确定 ⋯⋯⋯⋯⋯⋯ 129

　　6.4　本章小结 ⋯⋯⋯⋯⋯⋯⋯⋯⋯⋯⋯⋯⋯⋯⋯⋯ 132

第 7 章　品牌茶叶消费者忠诚行为形成过程的中介效应与调节效应分析 ⋯ 133

　　7.1　品牌茶叶消费者忠诚行为的中介效应检验 ⋯⋯⋯⋯⋯ 134

7.1.1　满意度作为服务品质和忠诚行为的中介效应检验 ……… 134

7.1.2　满意度作为品牌形象和忠诚行为的中介效应检验 ……… 135

7.1.3　满意度作为转换成本和忠诚行为的中介效应检验 ……… 136

7.2　品牌茶叶消费者忠诚行为形成过程中的调节效应检验 ……… 137

7.2.1　茶叶消费者人口统计特征对忠诚行为的调节效应 ……… 139

7.2.2　消费者饮茶特征对忠诚行为的调节效应 …………… 141

7.2.3　茶叶新营销方式对忠诚行为的调节效应 …………… 142

7.3　本章小结 ……………………………… 143

第8章　研究结论与对策建议 ………………………… 144

8.1　研究结论 ……………………………… 144

8.1.1　忠诚行为形成机理分析 ………………… 144

8.1.2　对研究结论的讨论 …………………… 151

8.2　对策建议 ……………………………… 153

8.2.1　品牌茶叶的消费者忠诚行为研究的应用价值 ……… 153

8.2.2　品牌茶叶的消费者忠诚行为中介效应研究的应用价值 … 157

8.2.3　品牌茶叶的消费者忠诚行为调节效应研究的应用价值 … 159

8.3　研究的不足与后续的研究设想 ……………… 164

8.3.1　本研究的不足之处 …………………… 164

8.3.2　本研究的后续的研究设想 ……………… 165

附　录

一：调查问卷 …………………………… 166

二：R 语言程序计算样本数 ……………………… 170

参考文献 ……………………………… 174

第1章 绪 论

本章作为全书的开篇之章，主要介绍了本书的研究背景及研究的现实意义和理论意义，以及研究内容、研究方法、技术路线等。着重介绍了本书的创新之处，主要是构建了品牌茶叶的消费者忠诚行为的形成机理。同时，根据茶叶的消费特点和移动营销的新趋势，检验了该特征对于茶叶消费者忠诚行为的调节作用。

1.1 研究的背景和意义

1.1.1 研究背景

茶产业是我国农业的重要支柱产业之一，我国的茶园面积、茶叶生产量均居世界前列。内销市场与外销市场的比例大概在7∶1，内销市场的主要问题在于供过于求，市场有效需求的增长十分缓慢。根据调查机构欧睿（Euromonitor）2018年的统计数据，世界上每年人均茶叶消费量最高的国家是土耳其，每年人均消费量是3 157g；排名第二、第三的分别是爱尔兰（2 191g）与英国（1 942g）；而中国则以人均茶叶消费量566g，全球排名第19位，同世界的平均水平还有一定的差距，内需的市场还有潜力可以挖掘。外销的主要问题在于日本、欧盟等国家和地区不断提高农残检测标准，对为我们国家的茶叶销售设置了较高的门槛。

在国内的同质产品竞争者中，根据波特的"五力模型"，茶叶的可替代产品如咖啡、纯净水、各种果汁饮料等都在瓜分着茶叶的市场份额，使茶叶的市场地位受到了巨大的挑战。在当前的市场背景下，礼品茶的消费受到了一定的制约，茶叶企业的营销压力与日俱增。茶叶企业如何在上述的机遇和挑战中突围，进行深度的市场渗透，提高茶叶产品的市场占有率，是非常重要的问题。在茶叶的营销过程中，茶叶是可以重复购买、反复消费的产品，因此如何培养茶叶的顾客忠诚行为就成为企业核心竞争力的源泉。如果能够培养起较高的忠诚行为消费者，就能给企业带来稳定的收入和净利润的流入，还能为企业节省大量的宣传费用和后期客户维护的成本。更重要的是，在同质产品竞争中，忠诚行为高的客户可以帮助企业天然地抵制其他竞争者，从而巩固企业的市场地位和份额。因此，本书主要从茶叶门店营销情况入手，研究其如何影响消费者的忠诚行为，在其影响路径上，会有哪些直接或间接的影响因素，以此来找到茶叶消费者忠诚行为的形成理论和实践依据。

1.1.2　研究意义

1. 理论意义

本研究的理论意义在于：从全局观上系统地解释品牌茶叶的消费者忠诚行为的形成过程，建立包括品牌形象、服务品质、转换成本、消费者满意、消费者忠诚行为的严谨的理论框架，这样能较全面地厘清品牌茶叶的消费者忠诚行为的形成机理，进一步丰富消费者忠诚行为的研究领域。尤其是针对茶叶行业营销的特色，以茶叶产品的特点来构建关于消费者忠诚行为的研究将进一步充实这一细分行业的理论研究。

2. 现实意义

本研究的现实意义在于，通过研究品牌茶叶的消费者忠诚行为的形成机理，找到了忠诚行为的重要影响因素和形成路径，为企业的市场营销工作的开展提供了科学的依据。本书的研究结论对于企业营销工作的决策意义在于，可以有针对性地在消费者的转换成本、服务质量、品牌形象、满意度之间开展相关的工作，提升上述几个方面的消费者认可程度，从而培养具有较高忠诚行为的顾客，为企业带来稳定的利润来源。在本书的研究结论调节效应的部分，对于茶叶企业的价值在于，其市场营销工作可以针对有显著区别的消费者特征进行市场的细分，准确锁定目标消费者，实现精准营销，从而更高效率地培养较多的忠诚行为顾客，扩大企业的市场份额和市场占有率。

1.2 研究的目的和内容

1.2.1 研究目的

基于前面的研究背景，本书所提出的科学问题是如何在茶品牌行业中培养消费者的忠诚行为，在茶业品牌行业中，和其他的农产品行业相比有什么特殊性和市场意义。本书基于此科学问题展开论述。

总体研究的目的是：根据消费者忠诚行为的相关文献及理论，梳理消费者忠诚行为形成要素的理论框架，构建其理论模型，运用结构方程模型，对其形成要素进实证分析，在此基础上，找出品牌茶叶的消费者忠诚行为形成的关键要素。

研究的具体目标如下：

(1) 在对相关文献进行分析的基础上，构建茶叶的消费者忠诚行为形成的理论分析框架；

(2) 在参考相关文献和走访专家的基础上，初步设计茶叶的消费者忠诚行为影响因素的潜变量、可测变量指标，应用验证性因子分析，对潜变量和可测变量进行指标筛选和纯化，识别关键要素；

(3) 应用结构方程模型，利用调研的数据对茶叶的消费者忠诚行为的形成机理进行实证分析，明晰各形成要素之间的效应关系及作用机理；

(4) 通过中介效果和调节效果来确定茶叶的消费者忠诚行为形成机理的影响因素。

1.2.2 研究内容

本研究认为，茶业行业的营销重点是培养消费者的忠诚行为。通过提高消费者的情感依赖和消费习惯来获取稳定而持续的销售收入。茶叶产品的特性不同于其他的商品，茶叶产品同烟、酒类似，对于消费者而言有成瘾的特征，一旦培养了足够大的消费黏性，对于企业长久的竞争力的培养就有重要意义。从企业角度出发，除了网络销售外，品牌茶叶企业的营销主要是通过品牌连锁门店的形式开展的，这些连锁门店布局在消费者的生活半径之内，对于培养消费者的产品忠诚行为有重要的空间优势，因此本研究主要集中于消费者在品牌茶叶连锁门店消费时的经历和过程，试图找到影响其忠诚行为培养的重要因素。主要的研究内容从以下几个方面展开。

第1章，绪论。介绍本书的研究背景、意义、内容、方法和研究创新等。

第2章，理论基础与文献综述。介绍在本书中所使用到的营销理论，以及该理论与本书之间的关系。后半部分为消费者忠诚行为、转换成本、满意度、品牌形象、茶叶消费特征等方面的国内外最新研究进展，以及对文献的评述。本部分内容为研究奠定了理论基础。

第3章，当前茶叶市场状况和存在问题。通过分析当前茶叶市场的消费者特征、生产者特征、营销渠道的特征、茶叶企业的特征等，提出当前的营销模式下的约束条件及存在的问题。本书认为，应该充分提高消费者的忠诚行为，提升顾客的黏性，从而提升企业的销售业绩和市场占有率。这一问题的提出为下文展开忠诚行为的形成机理分析奠定了基础。

第4章，理论模型与研究假设。主要是在国内外文献研究的基础上，初步地构建忠诚行为形成的理论模型和研究框架，并且初步提出了茶叶消费者忠诚行为形成机理过程中的研究假设。

第5章，测量指标的产生和预调查。本部分的研究内容是考查忠诚行为形成机理过程中的各个观测指标的合理性。通过统计检验，删除不合理的、显著性较差的观测题目，保留客观、真实的观测题目。最后通过小样本的预调查检验正式问卷的合理性。

第 6 章，茶叶消费者忠诚行为形成要素识别。本部分用结构方程模型的分析思想对消费者忠诚行为形成要素（品牌形象、服务品质、转换成本）进行定量分析，特别对其形成机理展开分析。

第 7 章，茶叶消费者忠诚行为的中介效应检验。本部分研究的是茶叶消费者忠诚行为形成模型中的中介效果。那么在模型中，中介效果的形式是怎样的？是否会存在不同？这是本部分所提出的科学问题。研究的方法是利用 Bootstrap 来分别对其置信区间求解，来确定中介效果的存在情况。具体在模型中，检验三种路径的中介效果：品牌形象与忠诚行为之间，服务品质与忠诚行为之间，转换成本与忠诚行为之间。茶叶品牌消费者忠诚行为的调节效应检验：本部分研究的是在第 6 章消费者忠诚行为的影响因素的基础上，提出了茶叶消费者的个人特征可能会对忠诚行为的形成机理模型起到调节作用。即在不同的群组的情况下，影响忠诚行为的系数会出现显著的差异。消费者的个人特征包括：购茶的用途、饮茶的时间、性别、年龄、可支配收入、受教育程度，是否能接受微营销、O2O[原有的 O2O（Online to Offline）模式指的是在线上下单并完成支付过程，之后在实体店进行消费。典型的商业模式是大型团购的网站。例如：拉手网、窝窝团、58 团购、美团网、大众点评团、糯米网等等。这些网站利用网络的推广作用进行宣传，通过优惠的购买、打折、套餐等形式，吸引更多的消费者来实体店里进行消费或享受服务。茶叶企业可以借鉴这种成熟的商业模式进行营销，构建茶叶企业"O2O 营销模式"]营销等。其中分成三种情况：购茶用途和性别是二分类变量，可以直接进入调节效应的模型；年龄、可支配收入、受教育程度是有序多分类变量，在进入调节效应模型之前需要利用分位数进行转换成 0—1 变量；饮茶的时间是连续性变量，要进行处理后才能进入模型。

第 8 章，研究结论与对策建议。本部分将根据前面理论分析和实证分析的结果，有针对性地提出适合茶叶企业培养消费者忠诚行为的建议和对策。为企业培养固定的消费者群体，提升销售收入和市场占有率，提出有针对性的建议。

1.3　研究方法和技术路线

1.3.1　研究方法

1. 质性研究方法

主要包括文献的讨论法和理论的研究法。

第一，文献讨论法。本书以"品牌茶叶的消费者忠诚行为"为主题，对相关文献进行检索，将搜集到的国内外文献进行梳理、分析、归纳和总结，并以此为基础，初步设计本书消费者忠诚行为形成要素的潜变量和可测变量指标。

第二，理论研究法。本书在理论研究的基础上，找到了影响忠诚行为的四个潜变量和相关的测量指标。通过茶叶市场营销中存在的问题进行处理和归纳，提出了忠诚行为形成的概念模型，并提出了相关的研究假设。

2. 量化研究方法

包括调查研究法和实证的研究方法。

第一，调查研究法。本书按照调查研究的方式，先将初步设计的问卷提交行业专家和学术专家评判，通过专家打分来进行问卷题目的筛选，形成初步的问卷。然后梳理预调查收集的数据，通过验证性因子分析的方法，删除不合格的题目，形成正式问卷的测量题目。最后通过实地调研和网络调研的方式进行大样本调研，为本书的实证分析奠定基础。

第二，实证研究法。在研究因变量的作用机理方面，本书的实证法主要是采用结构方程的方法。相比于其他的研究方法如因子分析法、多元回归法、DEA 模型等，结构方程模型可以通过变量之间的路径分析来表明变量之间的相互作用关系，从而说明因变量的形成机理。同时，由于本研究的研究对象是消费者的内心活动，在观测上属于潜变量，因此更加适合用结构方程模型的方法来收集数据，处理潜变量。综合以上的优势，本研究拟用结构方程模型来验证理论模型和研究假说，分析忠诚行为的形成要素、品牌形象、转换成本、消费者满意、服务品质之间的结构关系，以及潜变量与可测变量之间的因果关系，探寻变量之间的效应关系以及作用机理。

1.3.2 技术路线图

本书的技术路线图如图 1-1 所示。

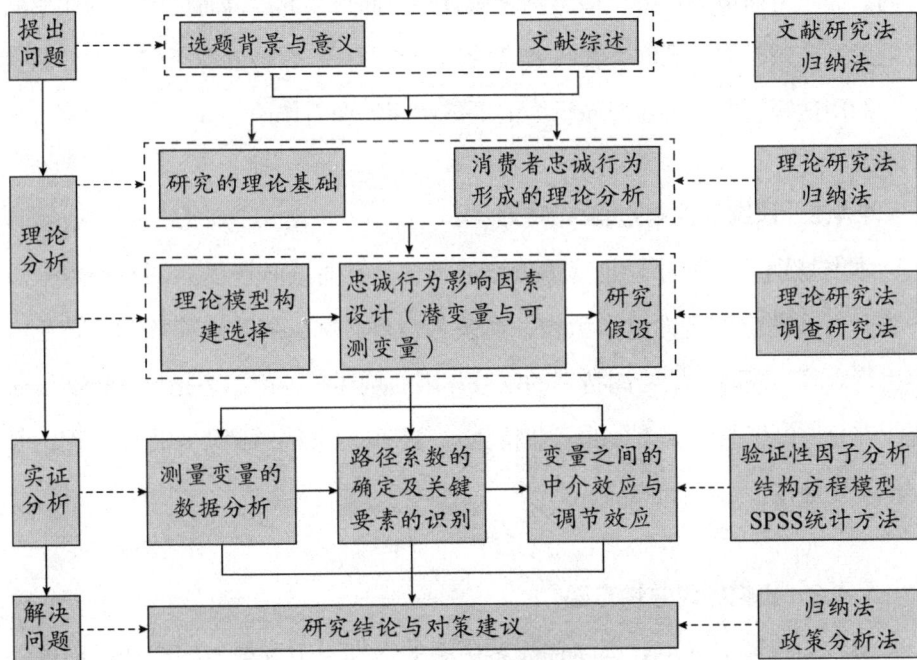

图 1-1 技术路线图

1.4 研究的创新

1.4.1 研究的内容方面

在消费者的忠诚形成方面，已有很多学者对零售业、旅游业消费者的忠诚行为形成过程进行了研究，却很少有学者研究品牌茶叶的消费者忠诚行为形成过程。品牌茶叶是现代农业经济发展的重要组成部分，但是相关的忠诚问题的研究并不多见。本研究结合前人的文献，综合考虑了消费者所面对的内因和外因的情况，构建了品牌茶叶的消费者忠诚行为形成的机理模型。本研究发现，在品牌茶叶的消费过程中，消费者的忠诚行为受四个潜变量相互作用而形成，它们分别是茶叶企业的服务质量、品牌形象、转换成本和消费者内心的满意度。其中，后三个变量会直接作用于忠诚行为，促使消费者产生反复的购买

行为。而服务质量不仅会直接影响忠诚行为，而且会通过满意度的中介作用间接地影响忠诚行为。同时，在消费者的内因方面，消费者的饮茶的年限、购买茶叶的用途等因素也会在忠诚行为的形成中起到调节作用。

1.4.2　研究的视角方面

本书特别关注茶叶行业营销工作的特色，针对茶叶产品的消费特点来设计茶叶行业的忠诚行为测量量表，对茶艺、茶文化、茶叶体验营销等特色内容进行观测。同时，结合消费者的饮茶年限、购买茶叶用途等指标进行实证研究，充分挖掘了茶叶营销中的行业特色，为茶叶企业的营销工作提供了理论基础和工作建议。

1.4.3　研究的时效性方面

前人的营销文献主要集中在顾客关系的管理、市场渠道的选择、市场细分的战略、公共关系的开展和品牌的建设等领域，随着信息技术的发展，移动营销领域的文献逐渐成为学界讨论的热点，而关于茶叶产品的移动营销的文献还不多见。本书结合品牌茶叶的特点，研究了移动营销领域中的微营销和O2O营销模式对于忠诚行为的影响。本研究内容对于茶叶企业利用新兴营销方式开展销售工作的时效性较强。

第2章 理论基础与文献综述

本章主要回顾了本书在后续的研究中所涉及的理论基础和相关的文献。根据结构方程模型对忠诚行为这一潜变量研究的要求，对该潜变量所涉及的满意度、服务品质、转换成本和品牌形象，尤其是它们与忠诚行为的关系进行了文献的搜集和整理。同时，本章还结合茶叶消费者的特点进行了分析，重点回顾了茶叶消费者忠诚度方面的文献，从而为本书后续的研究工作奠定基础。

2.1 概念界定

2.1.1 品牌茶叶

本书所研究的对象是品牌茶叶（brand tea），即具有知名度和社会认可度的茶叶知名品牌，涉及的茶叶有六大茶类：黄茶、白茶、黑茶、乌龙茶、绿茶和红茶等。对品牌茶叶的界定，本书采用中国茶叶流通协会在2014年发布的全国茶叶品牌报告，凡是在该报告中提及的商家和店铺，则被认定为全国知名的品牌茶叶。中国茶叶流通协会成立于1992年，是茶叶行业生产、加工、经管、科研、教学等领域的全国性社团组织，接受中华全国供销总社和民政部的指导和管理，属于国家4A级行业协会。因此，采用该报告来进行品牌茶叶店铺的选取具有一定的权威性，选择其发布茶叶品牌报告具有较高的参考价值。

2.1.2　忠诚行为

本书所研究的对象是消费者的忠诚行为（behaviour loyalty），是指消费者在未来的一段时间内，如果产生了相应的产品需求，会继续选择该品牌的产品或服务的行为特征。该特征会引起顾客做出实际的购买行为，直到形成重复性购买的习惯。因为忠诚行为会引起实际的购买需求，因此能够给企业带来实际的销售增长和利润流入，因此本书特别研究品牌茶叶的消费者在茶叶选择决策中的重复购买行为。该定义包括消费者对于该茶叶店的各种方面的容忍，即使面对同类产品的竞争，发现同类的产品价格偏高，产品上的瑕疵和服务的不满等，但是综合各方面的考虑，消费者仍然认为是物超所值的，仍然会坚持购买的行为特征。

2.2　理论基础

2.2.1　4R 理论

1. 该理论的内容

4R 理论由早期的 4P 和 4C 理论演变而来。4P 理论由美国密歇根大学罗姆·麦卡锡（E Jerome Mccarthy）1960 年提出，包括了产品（Product）、价格（Price）、促销（Promote）和渠道（Place）四个要素。1990 年，美国学者劳特朋（Lauteborn）教授提出了与 4P 相对应的 4C 理论。4C 的基本原则是以顾客为中心进行企业营销活动规划设计，从产品到如何实现顾客需求（Consumer's Needs）的满足，从价格到综合权衡顾客购买所愿意支付的成本（Cost），从促销的单向信息传递到实现与顾客的双向交流与沟通（Communication），从通路的产品流动到实现顾客购买的便利性（Convenience）。到 2001 年，美国的唐·E 舒尔茨（Don E Schultz）又提出了关系、反应、关联和回报的 4R 新说，"侧重用更有效的方式在企业和客户之间建立起有别于传统的新型关系"，具体内容如下。

（1）关系（Relationship）。紧密联系顾客。企业必须通过某些有效的方式在业务、需求等方面与顾客建立关联，形成一种互助、互求、互需的关系，把顾客与企业联系在一起，减少顾客的流失，以此来提高顾客的忠诚行为，赢得长期而稳定的市场。

（2）反应（Reaction）。提高对市场的反应速度。多数公司倾向于说给顾客听，却往往忽略了倾听的重要性。在相互渗透、相互影响的市场中，对企业来说最现实的问题不在于如何制定、实施和控制计划，而在于如何及时地倾听顾客的希望、渴望和需求，并及时做出反应来满足顾客的需求。这样才利于市场的发展。

（3）关联（Relevancy）。重视与顾客的关联关系。抢占市场的关键已转变为与顾客建立长期而稳固的关系，把交易转变成一种责任，建立起和顾客的互动的关系，而沟通是建立这种互动关系的重要手段。

（4）回报（Reward）。回报是营销的源泉。由于营销目标必须注重产出，注重企业在营销活动中的回报，所以企业要满足客户需求，为客户提供价值，不能做无用的事情。一方面，回报是维持市场关系的必要条件；另一方面，追求回报是营销发展的动力，营销的最终价值在于其给企业带来短期或长期收入的能力。

2. 该理论与本书的关系

4R 理论中的关系性和关联性指的是企业需要提升顾客的忠诚行为，和顾客建立起亲密的关系，提高顾客的黏性，从而减少客户的流失。这正是本书的研究的主题，也是本书在第一章里提出的科学问题，本书正是以茶叶企业如何提升顾客的忠诚行为为主线展开全书的论述的。

4R 理论中的反应性提出了企业的工作人员，尤其是一线的销售人员，需要及时地跟进顾客的要求，对他们的诉求给予第一时间的答复和满足，从而提升顾客的满意和市场的占有率。因此，本书的第 5 章在设置服务品质的测量指标时，特别结合前人对于服务品质的测量和 4R 理论的反应性，设置了"回应性"这一指标,主要测量服务人员是否可以及时地回答消费者的疑问和诉求。

4R 理论中的回报性提出了企业必须以销售回报作为考核的关键。本书特别针对回报原则,在第9章结论的部分结合前面的实证研究,提出了提升茶叶企业市场营销策略的手段和方法,目的是让茶叶企业获得更多的销售回报和市场认可。

2.2.2 消费者行为理论

1. 该理论的内容

经典的消费者行为模型由菲利普·科特勒在2000年的《营销管理》中提出,他认为,消费者的购买过程是其受到了内外部一系列条件约束的情况下产生的,这些因素又会影响到下一次的购买决策,从而形成一个完整的循环。起点是营销和环境的刺激进入了消费者的意识,接着,消费者的特征决定了决策过程和购买决策。

其中,外部的营销刺激包括企业所提供的产品和服务、企业产品的价格、企业的营销传播渠道、企业的宣传和传播等,这些刺激因素是最直接、最具体的,同时还有一些间接的、宏观的刺激因素,包括国家的经济情况、技术发展情况、政治和宗教的水平、文化的发展等情况。这些宏观的和具体的因素构成了消费者所接触的营销刺激。

内部的消费者心理因素由于不易被外界所察觉,因此被称为:"消费者的黑箱",它们包括了消费者的各种个人特征,如性别、年龄、收入、受教育程度等等因素,这些个人的因素都会在外界因素的刺激下,产生不同的心理活动,最终形成不同的消费者反应,例如,对产品的反应、对品牌的选择、对经销商的选择、对购买时机的选择和购买数量的选择等方面。同时还有消费者的心理变化过程,包括了消费动机,对企业或产品的感知,学习的经历和能够回忆起的与产品相关的想法、感觉、感知、印象、体验等。

2．该理论与本书的关系

基于消费者所接受到的外部信息和内心活动会影响到其忠诚行为的形成，因此，本书在第 5 章设置了消费者忠诚行为形成的一级观测指标，包括了消费者接收到的服务的品质，消费者所看到的、感受到的品牌形象，消费者如果转移消费对象，所承担的转换成本和消费者在接受了特定的服务后的内心的满意度。根据菲利普·科特勒的行为选择理论，这些因素都会影响到消费者的后续购买过程，因此本书将它们都纳入模型中进行后续的分析。

基于消费者内部的个人特征，不同的消费者特征在其购买的过程中起到了不同的作用。因此，本书在研究茶叶消费的过程中，就必须把消费者的个人特征纳入考量因素之中，在茶叶消费者忠诚行为的形成过程中，需要将消费者的不同性别、年龄、可支配收入、受教育程度等变量纳入模型中考虑，尤其是结合茶叶消费的特点，加入了消费者的饮茶年限、购茶用途等特色变量，通过第 8 章设置消费者特征的调节效应检验来证明不同茶叶消费者特征在忠诚行为形成过程中的角色和作用。

基于消费者的心理过程，消费者都是在接收到营销刺激后通过心理的变化，才会产生后续的购买决策的。因此，在本书的第 7 章特别分析了消费者的心理变化过程的满意度，依据消费者心理变化过程的理论，本书将检验消费者在经历了茶叶企业的服务、品牌形象等因素后，会不会通过满意度的心理认知过程和感知形成后续的重复购买决策行为称为消费忠诚行为。

2.2.3　关系营销理论

1．该理论的内容

得克萨斯州 A&M 大学的伦纳德·L. 贝瑞（Leonard L Berry）教授于 1983 年在美国市场营销学会的一份报告中最早对关系营销做出了如下的定义："关系营销是吸引、维持和增强客户关系。"在 1996 年又给出更为全面的定义："关系营销是为了满足企业和相关利益者的目标而进行的识别、建立、维持、促进同消费者的关系，并在必要时终止关系的过程，这只有通过交换和承诺才能实现。"关系营销的核心是留住顾客，提供产品和服务，在与顾客保持长期的关系基础上开展营销活动，实现企业的营销目标。实施关系营销并不以损害企业利益为代价，关系营销提倡的是企业与顾客策略。关系营销的实质是在市场营销中与各关系方建立长期稳定的相互依存的营销关系，以求彼此协调发展。其中分为广义和狭义两种概念。

（1）广义的关系营销。指企业通过识别、获得、建立、维护和增进与客户及其利益相关人员的关系，通过诚实的交换和服务，与包括客户、供应商、分销商、竞争对手、银行、政府及内部员工的各种部门和组织建立一种长期稳定的、相互信任的、互惠互利的关系，以使各方的目标在关系营销过程中得以实现。

（2）狭义的关系营销。指企业与客户之间的关系营销，其本质特征是企业与顾客、企业与企业间的双向的信息交流，是以企业与顾客、企业与企业间的合作协同为基础的战略过程。是关系双方以互惠互利为目标的营销活动，是利用控制、反馈的手段不断完善产品和服务的管理系统。

关系营销包括了一个重要的理论，即 CRM（客户关系管理理论），客户关系管理理论通过向企业的销售、市场、服务等部门和人员提供全面及个性化的客户资料，并强化跟踪服务、信息分析能力，使他们能够协同建立和维护一系列与客户及商业伙伴之间卓有成效的"一对一关系"，从而使企业得以提供更快捷和周到的优质服务，提高客户满意度，吸引和保持更多的客户，从而增加营业额，并通过信息共享和优化商业流程有效地降低企业经营成本。

2. 该理论与本书的关系

关系营销理论重点提出了企业应该同顾客建立起长期、稳定的关系，这正是本书所研究的主题：顾客忠诚行为。本书的第5、6、7、8章都是围绕着消费者的忠诚行为的形成过程而展开的。其中，第5章进行忠诚行为测量前的指标测试和预调查，第6章进行忠诚行为形成的结构方程检验，确定各个变量的路径系数，第 7 章进行消费者忠诚行为形成中的中介效果检验、调节效应检验。

关系营销理论需要进行客户关系管理，需要在企业内部建立起详细而充分的顾客资料档案，这样才能针对不同顾客的喜好、习惯和消费特征进行一对一的关系管理。因此，本书在第 5 章设置忠诚行为测量指标的时候，设置了"转换成本"这一观测题目，因为根据关系营销理论，企业与顾客的关系越密切，其转换成本就越高，顾客所反映出来的忠诚行为就越高。

2.2.4　整合营销理论

1．该理论的内容

1992 年，美国西北大学教授唐·舒尔茨出版了专著《整合营销传播》（*Integrated Marketing Communications*），其合作者有斯坦利·田纳本（Stanley I Tannenbaum）、罗伯特·劳特朋（Robert F Lauterborn）。整合营销传播一方面把广告、促销、公关、直销、CI、包装、新闻媒体等一切传播活动都涵盖到营销活动的范围之内；另一方面则使企业能够将统一的传播资讯传达给消费者。所以，整合营销传播也被称为 Speak With One Voice（用一个声音说话），即营销传播的一元化策略。整合营销是一种对各种营销工具和手段的系统化结合，根据环境进行即时性的动态修正，以使交换双方实现价值增值的营销理念与方法。整合就是把各个独立的营销综合成一个整体，以产生协同效应。这些独立的营销工作包括广告、直接营销、销售促进、人员推销、包装、事件、赞助和客户服务等。战略性地审视整合营销体系、行业、产品及客户，从而制定出符合企业实际情况的整合营销策略。包括旅游策划营销、事件营销等相关门类。整合营销就是"根据企业的目标设计战略，并支配企业各种资源以达到战略目标"。

美国市场营销协会将整合营销传播定义为确保产品、服务、组织的客户或潜在客户所接收到的所有信息都要保持一致和统一。在这个计划过程中，将普通广告、促销、公共关系等各种传播方式巧妙地结合在一起，通过信息的无缝整合产生一致性的效果。因为企业在对外宣传和产品包装的时候，其可以使用到多种手段和渠道，如发行的出版物、大事件、公益赞助、新闻、公众演讲、公共服务活动、企业的 CIS 战略等，而所有这些方法必须统一于同一个主题，这样才能形成销售的合力，突出整合营销的作用。

2. 该理论与本书的关系

整合营销理论的重要意义在于，将企业中的各种资源和各种营销手段统一起来，形成销售的核心竞争力。本书所研究的对象是品牌茶叶企业的连锁门店的销售，根据该理论，需要将该品牌门店的各种资源进行整合统一。因此，在本书的后续研究部分，试图结合该理论的内容和实证的结果，侧重研究将线下的实体店和线上的网络商铺进行整合，即 O2O 营销模式，目的在于形成销售的合力，从而提升企业的销售业绩和市场占有率。

2.2.5 计划行为理论

1. 该理论的内容

计划行为理论的前身是 Fishbein 和 Ajzen 在 19 世纪 70 年代提出的理性行为理论，该理论用来解释个人的决策、想法和行为之间的关系，以及个体的行为会受到哪些因素的影响。该理论提出，个人的行为态度和意愿强烈与否，会影响到其执行的结果。这种行为的意愿包括两个层面的内容：一个是个体对该行为的态度，另一个是个体的主观规范。主观规范主要包括个人对于其他人的观点的看法，如果该个体认为别人的观点对自己很重要，那么他就会非常在意别人的看法，从而行为就会受到外界的观点的干扰。理性行为理论的发展由 Godin 和 Kok（1996）提出，他认为在人们的行为过程中，还应该受到自我控制力的影响。因为每个人的自制力有所区别，只有在较强自我控制的前提下，个人的行为才能更多地受到理性的支配，否则，就可能会出现偏差。控制的因素来源于内因和外因两个部分。内因指的是个体的情感意志力、忍受能力等，外因指的是受到外界的经济、社会习俗等条件的约束。于是，Ajzen（1991）

提出了计划行为理论，该理论在之前的基础上进行了扩展，认为个体的行为除了受行为意向的影响之外，还会受到外界的环境、各种机会、个人控制能力的制约。知觉控制是由个体对于过去的经验和对于未来的形势判断而形成的，是个体对成功概率的判断。知觉行为的控制情况可以直接影响到实际行为的产生。个体行为会受到三个因素的影响，分别是行为态度、主观规范和个体的知觉行为控制。这三个因素都会显著影响个体的行为意向，从而影响到个体的实际行为的产生。

2．该理论与本书的关系

计划行为理论提出了个体产生某种行为的因素分析，涉及行为态度、主观规范和个体的知觉行为控制三个主要的影响变量。本书研究的对象是品牌茶叶消费者的忠诚行为问题，涉及的是消费者的态度忠诚行为和行为忠诚行为的问题。根据计划行为理论的分析，行为忠诚行为是消费者的进行理性选择的结果，而态度忠诚行为是影响其的前置变量，应该作为因变量的角色来设置模型。而对于知觉行为控制所提出的影响因素，本书通过用转换成本来衡量消费者切换商家后带来的时间和精力上的条件约束，用服务品质来衡量消费者面对消费决策时所面对的外在控制因素，例如，对企业产品、服务、相关的设备的依赖和对于产品信息和质量预期的判断等。用品牌形象来衡量消费者心中的特定品牌在别人心中的看法或影响。用消费者的满意度来衡量消费者的态度忠诚行为，因为他们都属于消费者心理变化的潜变量，并且二者具有极高的趋同性。

2.3　文献综述

2.3.1　关于消费者忠诚行为的研究进展

1．消费者忠诚行为的含义

在忠诚行为的定义领域，最早提出这一概念的学者是 Copeland（1923），他认为，忠诚行为是通过购买频率、购买习惯和可能性等方面体现出来的消费者反复购买的行为。Day（1969）认为：忠诚行为只有在购买卷入和对品牌承诺的时候才会发生。其认为在区分品牌忠诚行为和虚假忠诚行为的时候应引入态度的考量因素，并以此为基础，制定了态度倾向和品牌选择的忠诚行为测量方法。其中，在学术界公认的最经典的定义来自Oliver（1999）的解释，其认为忠诚行为是消费者在未来时间的一种深植于内心的承诺，这种承诺会让消费者再次购买或惠顾一种产品或服务，因此引起的对同样产品或同样品牌的重复购买行为。尽管有市场情况变化，产品的营销做出改变等因素的出现，也不能改变消费者的这种始终如一的行为。

凯瑟琳·辛德尔（2001）认为顾客的忠诚行为就是消费者面对同类产品的竞争者所提供的价格优惠，仍然能表现出来的一种重复购买行为，并且还通过人脉关系、口碑效应对该公司的产品进行的宣传行为。刘志刚等（2003）认为，顾客忠诚行为指的是在选择或者购买商品的过程中，由于长期的使用所累积的一种习惯，这种习惯会导致对某一类产品或品牌的专一购买倾向。王林等（2005）、任淑艳等（2009）认为顾客的忠诚行为是一种企业的重要核心竞争力，其可以增加企业的收入，节省企业的成本和资源，天然地抵制竞争者的同类产品或服务，是企业市场营销的重要目标。Zheng X等人（2015）着重研究的是品牌忠诚的概念，认为其是消费者对于特定的品牌或公司的一种情感依恋，这种感情方面的关联主要表现在消费者的心理和态度方面。

2. 消费者忠诚的维度划分

关于忠诚度的划分维度，有两分学说、三分学说、四分学说、七分学说等，其中在学术界公认的、比较经典的是两分学说。

第一，两分学说。在忠诚度的分类上面，Dick等（1994）将他们分为了两个类别：长期忠诚和短期忠诚。长期忠诚的顾客并不会轻易地转换到其他的服务提供商那里，而相对比较而言，具有短期忠诚的顾客在收到更好的销售折扣、让利促销等信息后，就会更容易地转换消费渠道。Gremler D D（1995）

认为，忠诚应该包括态度忠诚和行为忠诚两种类型，态度忠诚指的是消费者有意向购买相关的产品或者愿意推荐给其他消费者的倾向，表现为消费者对于该产品在心理上的一种密切的联系。其是顾客对于企业的一种相对长期的承诺，表现为始终坚持选择、价格容忍、极力推荐等方面；而行为忠诚更多地表现为消费者在未来的一段时间内，如果产生了相应的产品需求，会继续选择该品牌的产品或服务的行为特征。该特征会引起顾客做出实际的购买行为，直到形成重复性购买的习惯。

Griffin 等（1995）按照消费者的行为取向和态度取向的两个维度在横纵坐标下进行了四个不同状态的划分，建立了消费者忠诚的模型矩阵（The Matrix of Customer Loyalty）（图 2-1）。在（1,1）的横纵坐标交汇处，消费者的行为取向较低，态度取向也较低，被认为是缺乏忠诚的状态，在该种情况下，顾客几乎不与目标企业发生交易行为。在（1,9）的横纵坐标交汇处，消费者的行为取向较低，而态度取向较高，被认为是潜在忠诚的状态，在这种情况下，消费者是由于时间、价格、距离等因素而暂时未能选择心仪的企业。在（9,1）的横纵坐标交汇处，消费者的行为取向较高，而态度取向较低，被认为是虚假忠诚的状态，在这种情况下，消费者是由于垄断、外界因素、政府的行政干预等非态度原因而不得不产生的重复购买行为。在（9,9）的横纵坐标交汇处，消费者的行为取向较高，态度取向也较高，被认为是理想忠诚的状态，在这种情况下，消费者的态度和行为是高度吻合的，是企业销售时所追求的理想状态。Zheng X 等学者（2015）认为品牌的忠诚可分为态度忠诚和行为忠诚两种，行为忠诚指的是消费者会持续地购买同样供应商的商品或服务，而态度忠诚指的是消费者的一种承诺或者偏爱，因为他们可以联想到该品牌的独特价值。他们

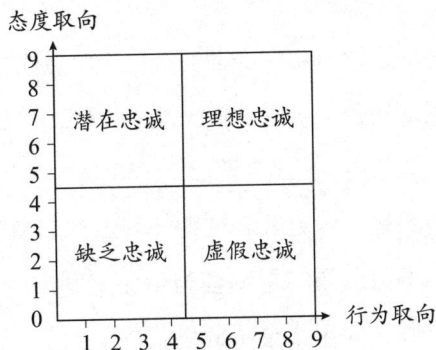

图 2-1　消费者忠诚的模型矩阵

用香港在线用户使用脸书网站的情况检验了其用户忠诚行为的形成机理，主要考虑的是消费者对于该公司或产品的情感依赖，即态度忠诚。

第二，三分学说。Gremler 等（1996）将顾客的忠诚按照不同的层次划分为三个维度。第一个维度被称作行为忠诚，指的是消费者在选择一项商品或服务时所表现出的重复购买行为，再次购买或连续性购买发生的概率很高；第二个维度被称作意志忠诚，指的是消费者在未来需要同类产品的时候，继续选择该品牌的购买意向；第三个维度被称为情感忠诚，指的是顾客对于企业服务态度的反馈，例如，顾客会通过口碑等形式传播、赞扬、推荐该产品或服务。

第三，四分学说。Oliver（1999）根据忠诚形成的过程，将其分为了四个不同的阶段：（1）认知忠诚，其是消费者忠诚行为的最初阶段，它是由前期的间接接触和对产品或服务的初体验而形成的。它是浅层次、脆弱的忠诚，因为如果有其他商家提供了更有吸引力的宣传，消费者就会发生转换；（2）情感忠诚，其是消费者使用产品后的一种正向的态度的累积，它是由消费者满意而带来的相对稳定的忠诚；（3）意向忠诚，其指的是消费者在未来的购买倾向，具有意向忠诚的客户在未来很有可能购买，但这种可能性并不等于真正的购买行为，所以意向忠诚并不能给企业带来实际的收益；（4）行为忠诚，在此阶段，消费者具有强大的品牌黏性，此时的消费者不会再对信息进行搜集、对比、选择，而是锁定在了既定的品牌上，此时的忠诚行为达到了最大值。Jacoby（1971）根据企业的生命周期、领导的生命周期理论证明了消费者偏好也是处在一个偏好的连续分布带上面，类似于企业生命周期中的创立期、发展期、成熟期、衰退期的四个阶段，消费者也会对品牌进行接受、中立、拒绝等不同程度的定位。

第四，七分学说。Sindell 等（2000）将顾客的忠诚分为了 7 种类别。其认为顾客忠诚更多表现为一种主观的概念，可以从态度和行为两个方面来测量，其中更重要的是顾客与企业之间的情感联系。根据情感联系的紧密程度，将忠诚分为了 7 个不同的层次。（1）垄断性的忠诚：顾客表现为被迫的选择行为；（2）懒惰性忠诚：顾客表现为一种习惯性的重复购买行为；（3）潜在性忠

诚:顾客本来希望购买,但是由于一些条件的限制导致其暂时未能购买的行为;
(4)方便性忠诚:顾客表现为依恋性低,但是重复购买性高的行为;(5)价格性忠诚:对价格的变化十分的敏感,倾向于打折、促销、销售赠品等促销手段;(6)激励忠诚:因为消费者经常光顾某家企业,而得到的企业的返利,从而培养起来的一种忠诚行为;(7)超值忠诚:是指消费者不仅具有行为和情感上的忠诚行为,而且还会通过亲朋好友、同事等人脉关系进行宣传和传播的行为。

3.消费者忠诚的研究意义

国内外学者普遍关注市场营销领域的消费者忠诚研究意义,认为忠诚的培养对于企业的市场营销战略和收益水平的意义重大,顾客的忠诚是保持企业利润增长的重要源泉。

第一,国外学者方面。Dick 等(1994)认为品牌忠诚的顾客会由于内心的承诺而重复购买该品牌的产品,从而给企业带来持续的收益增长。Petrick(2004)认为,保留老顾客相比较用各种营销手段、广告投入、人员宣传等方式去吸引新顾客,其成本要比保持老顾客低六倍。因此保留老顾客、忠实顾客是企业节省营销费用的重要方式。Williams 等(2011)认为,相比较于其他的顾客,忠诚的顾客对于价格不那么敏感,更愿意拿出收入中的较大的部分去购买他们心仪的商品。Leaniz(2015)认为,在服务业中,尤其需要研究消费者的忠诚问题。对于酒店而言,研究顾客的忠诚可以增强酒店实行绿色营销的可行性,对酒店的成本控制、绿色管理、战略发展的意义重大。

目前学术界公认的、经典的概念是 Reichheld 等(1990)、Reichheld(1993)提出的观点:如果具有消费忠诚黏性的顾客每增长5%,那么企业的收益水平将会增加125%以上。忠诚的顾客的重要意义在于以下的几个方面:(1)具有忠诚的顾客往往很少会受到企业的价格方面的影响,也就是说,当企业面临着成本的上升而进行价格上涨的时候,具有忠诚的顾客仍然会表现出强大的消费依赖性,而这些就形成了企业的稳定收入和利润的来源;(2)可以节省大量的营销成本。因为企业在获取新用户的时候，要花掉大量的人力、物力、财力来进行产品的宣传、前期的市场开发、新产品推荐等活动，当消费者接触产品后，还要进行相关的产品试用教育说明。而相对而言，成熟的老用户则不用上述的活动，他们更容易去适应产品和相关的服务；(3)可以带来口碑效应。具有忠诚的顾客不仅表现在行为上的持续购买行为，而且在态度上也会津津乐道地向其他顾客宣传企业的产品或服务，充当企业无偿推销员的角色。而口碑传播的效果也会强于一般的平面广告、宣传册等传播方式，会更好地吸引顾客和提升企业的形象；(4)提高企业的抗风险的能力。具有忠诚的顾客在企业发生一些负面事件、突发状况的时候，会表现出较好的承受能力，不会对企业离弃，这样就为企业争取了补救的机会和时间，从而可以采取相应的措施；(5)可以累积终身价值。忠诚高的顾客在企业的时间越长，其终身价值就越大，也会为企业提供较高的溢价。

第二，国内学者方面。王林等(2005)、任淑艳(2009)、张飞相(2014)、汪利虹(2014)、胡田(2014)认为：(1)具有忠诚的顾客会持续地购买企业产品，而企业所做出的宣传策划、品牌营销、打折促销等，并不能引起他们的兴趣和改变购买意图。因此忠诚行为高的顾客是企业稳定的消费群体和现金流来源；(2)培养忠诚度高的顾客可以节省企业的成本和资源。企业对于此类顾客不需要再花时间、精力、金钱去进行品牌策划、品牌形象、产品功能等方面的宣传，这样企业就可以节省在此类顾客上的投入，同时也能降低维持顾客关系的成本投入；(3)培养忠诚度高的客户对于竞争者而言是有效的对抗手段，他们会天然地抵制竞争者的同类产品或服务，这样企业也可以根据自身的战略管理思路继续在原有的品牌定位和市场定位中加强投入并持续发展；(4)忠诚度高的顾客还会主动地为企业进行相关产品的宣传和介绍，他们会利用自己的朋友圈、人脉关系为企业进行口碑宣传，从而提高产品的形象，因此无形中充当了企业的广告宣传员的作用。

4．对于茶叶产品的消费者忠诚研究

第一，国外学者方面。Ball R J 等(1969)指出，早在1965年，英国茶叶委员会发现当时的茶叶市场有下滑的趋势，于是他们根据国际茶叶委员会、国家食品调查协会、家庭支出调查协会和国家饮品调查协会的数据去研究广告对消费者茶叶消费忠诚行为的影响，通过数理统计的分析得到了以下的结论：由茶叶委员会所开展的茶叶广告对茶叶的消费忠诚有显著的影响；家庭中的失业人员的比例也会影响家庭的茶叶消费；对咖啡的消费会显著影响茶叶的消费情况，在竞争对手方面，咖啡会让一部分茶叶消费者变得不忠诚。

Ranchhod A 等(2011)以英国亚曼红茶品牌为例，调查了品牌的形象对消费者忠诚、购买决策的影响。通过研究发现，消费者将茶叶的品质、英国的传统、花色搭配及品质的一致性和该品牌紧密地结合在了一起。该茶叶企业成功地维护了产品的形象，并且因此推动了销量的增长，降低了经营的风险，便于消费者快速做出购买决策。Hamilton K 等(2014)提出，英国是一个饮茶历史悠久的国度，根据国家茶叶调查委员会的数据，英国每天的茶叶消费量在165亿杯。茶叶消费已经成为一种文化和社会礼仪、习惯和民族传统。因此，茶叶的忠诚行为消费表现为一种日常的习俗和待人接物的方式。他们特别研究了在办公场合的茶叶消费行为，提出吸引办公室人员、经理人员忠诚于消费下午茶的主要影响因素是四个方面：产品、习俗、审美情趣和物品，具体包括：茶叶可以让他们平静、对身体和精神较好；喝茶让人舒适、安静；喝茶让人放松；让人感受到家庭的温馨气氛等。

第二，国内学者方面。首先，关于茶叶产品的消费者忠诚的影响因素方面。李莹莹(2008)通过调研成都的茶馆顾客的忠诚行为发现，当把握消费者的性别、年龄、收入水平、职业特征的特点，消费时的情感因素和心理诉求，消费者的购买需求时，才能更好地达到消费者的满意，从而提升其对于茶叶企业、茶馆行业的忠诚行为。因此，前期应建立消费者的顾客档案资料，做好充分的市场调查和用户的拜访，这样可以充分并准确地了解顾客的消费前情感状况，

以便准确把握当消费者进入环境时的情绪状态，如高兴、沮丧、孤独、焦虑、兴奋、不耐心等等。同时，品牌形象的设置也对消费者的情绪有很大的影响，例如，企业控制的有形因素，灯光、色彩、标志、样式、温度等，这些都可以用来激发并诱导消费者的正面情绪，从而保持其消费的正面情感，维持较高的满意度和忠诚。

叶晓明(2011)提出，有几个主要的因素影响品牌忠诚的形成，他们包括：品牌形象，对溢价的容忍度持续的购买习惯，推荐他人购买等，其中最显著的因素是对价格的容忍程度，其对忠诚的影响系数最大。另外，从人口统计特征上来看，性别、年龄、从事的职业都会对忠诚的形成起主要作用。在企业的形象方面，应该通过维护产品种类、产品包装、产品质量等方面来提升企业的形象。其以西湖的龙井茶叶为例，用案例研究证明了狮峰龙井的品质最佳，此款茶叶比较能够完整地保持茶叶的颜色翠绿、香味醇高和外形美观，从而能够较好地提升产品的形象。同时，为了保证和提高茶叶的质量，应该采取农业标准化道路，通过完善农产品的质量安全的检验检测体系，开展全程的质量控制，提升检验和科研水平等方式来提升茶叶品质，最终提升消费者的忠诚水平。

林春桃(2013)提出，福建省乌龙茶的消费者主要会受到乌龙茶的口感品质、价格的适中性、购买的方便程度、购买中的风险态度等因素来影响其忠诚行为的程度。其通过调研福州市消费者的数据，利用结构方程模型来证明消费者满意和转换成本会对消费者忠诚有直接的影响，满意度的影响系数会高于转换成本的影响作用。即可以通过提升售前、售后的满意和增加由于转换而带来的损失成本、不确定性风险等因素来增加忠诚的顾客数量。此外，良好的服务品质、产品服务、员工服务等服务体验因素也是培养顾客忠诚的重要途径，可以通过提升消费者的服务体验感知，来提升其忠诚的水平。

其次，在培养茶叶消费者的忠诚方面。吴晓云等人(2011)通过调查研究得出品牌的忠诚是品牌的真正的资产，对企业品牌忠诚的顾客才是企业中最有价值的顾客，他们会给企业带来大幅度的利润的增加的结论。培养顾客的忠诚可以从以下四个方面入手：(1) 要提供更大的内在价值，为顾客创造出更大的价值，比如优质的产品质量、高水平的服务、没有后顾之忧的售后等；(2) 要不断地超越顾客的期待，来达到顾客的满意。同时，也可以通过减少顾客的抱怨来提升顾客的满意度；(3) 应该建立顾客的关系档案，加强顾客的关系管理；(4) 通过会员制、顾客的社交群体等约束条件来增加顾客的转换成本，从而提升顾客的忠诚水平。

卢秀龙(2012)提出，培养消费者忠诚的关键在于培养品牌和消费者之间的关系，随着消费者对产品的不断了解和深入，消费者对产品的功能、定位、用途、扩展性等方面的认知也在不断地加强，从而会表现出不同层次的品牌关系：从最初的品牌体验到对品牌的熟悉，再到养成购买习惯、品牌的信任和喜爱，到最后的品牌忠诚。在这一形成过程中，品牌的五个要素起了重要的作用，这五个要素为品牌的知名度、产地联想、品种联想、品质的认识与品牌关系，茶叶企业需要全面地建设以上五个方面以提升消费者的接受度和满意度，这样才能不断地超越产品的内涵和价值，最终实现消费者的满意。企业应该密切地关注满意度的形成，通过产品的包装、形象设计、便捷的服务等途径来提升消费者的满意。同时，要加强茶叶企业的社会责任的问责机制，将消费者的食品安全问题放在企业的最高位置，不断地提高企业的茶叶产品的质量和品质，从而提高品牌的知名度和完善品牌形象的建设。

谢向英(2012)、陈凌文(2013)、胡振涛(2015)提出应该从对客户关系管理，提升品牌的认知度，提升品牌的信任程度，培养消费者对于茶道的感知和茶文化的体验等方面，来促进茶叶消费者的品牌忠诚。

最后，关于茶叶消费者忠诚的总体情况方面。国内最权威的关于中国茶叶消费的忠诚现状是由浙江大学 CARD 中国农业品牌研究中心和《中国茶叶》杂志组成的课题组(2013)所评估的茶叶品牌中消费者的忠诚。他们在2011—2013 年，连续跟踪了96家茶叶企业，如大益、吴裕泰、春伦、更香、品品香、绿剑、金龙玉珠、花秋、九龙山、太姥山等品牌，发现品牌忠诚的因子是品牌价值稳定状态的表达，是观测品牌价值长期稳定型的重要指标，其平均值都位于0.86以上，2012年有下降的趋势，而2013年又有上升的趋势，但是其变动的幅度都还稳定在10%的上下区间内，说明茶叶企业的品牌忠诚基本位于稳定的状态。而茶叶企业为了下一轮的品牌升级、产业升级，应该利用各种手段来练好内功，提升产品的质量，利用茶文化来拉近与消费者的距离，增加更多的茶艺等消费者体验项目，从而有效地提高消费者的黏性与忠诚。

5．消费者忠诚影响因素研究

国内外学者认为，影响忠诚的方面有很多。在不同的行业有众多不同的影响因素。鉴于本书研究的是茶叶营销的品牌店，因此借鉴的更多的是有关营销服务业中的文献。从酒店、百货商店、旅游景区、物流行业等行业的研究中，归纳出影响忠诚的因素，其中主要包括了顾客的满意度、转换成本、品牌形象、服务品质等四个因素。

第一，关于满意度方面。Oliver（1999）、Taylor 等（2004），及陆娟（2004）、张欣瑞等（2010）、Janghyeon N 等（2011）认为顾客的重复购买行为是建立在顾客满意的基础上的，两者之间是正相关的关系，即意味着顾客的满意度越高，其忠诚度也会越高，在具体的测量时常常将满意度作为忠诚的前置中介变量。另一方面，Shoemaker（1999）、张飞相（2014）、Bianchi C（2015）等学者认为满意度对忠诚有直接的影响，满意意味着消费者对该商品或品牌的喜爱、认同，由此会产生忠诚。

第二，关于转换成本方面。有些学者认为转换成本对忠诚有调节效应。Fornell（1992）、Qiu H 等（2015）通过调研企业和酒店的数据，发现转换成本作为调节变量会影响顾客的满意度到顾客的忠诚的路径关系，其调节作用是存在的。另一些学者认为，转换成本对忠诚有直接影响，林宜铮（2001）、Lee（2001）、Burnham（2003）、崔萌（2014）、杨镅（2014）、Lin T C（2015）认为消费者面对企业的一些转换成本时，会变成其选择另外一家供应商的阻碍。在其他条件不变的情况下，相对于转换成本低的顾客，转换成本高的顾客往往表现出更高的忠诚。消费者的使用习惯、消费习惯会影响到其满意度，因为当消费者熟悉了某种产品的使用属性和操作界面后，就会产生消费的习惯思维，从而无形中形成了很高的产品转换成本。当消费者放弃现有的产品，而转换到其他产品的时候，就会感到不习惯和不适应。这类因素形成了很高的转换成本，从而会影响到消费者的忠诚。

第三，关于品牌形象方面。本书所研究的是茶叶品牌连锁店的品牌形象，因此，前期的文献主要收集了零售店铺、百货商店和超市的品牌形象与忠诚方面的文献。一些学者认为，企业的品牌形象也会显著地影响忠诚。陆娟等（2004）、蒋廉雄等（2006）、刘春峰（2012）、Cristina C P（2015）进行实证分析，得出了企业品牌形象的塑造对客户的忠诚是明显的正相关的影响作用，不同的品牌形象对顾客忠诚的影响也不相同。因此，企业应该按照现有的资源来合理地打造品牌形象。

第四，关于服务品质方面。有些学者认为服务品质会直接作用于忠诚。刘承水等（2007）、汪利虹（2014）认为，可以通过不断提升的服务质量来提升顾客的忠诚，即服务品质对消费者忠诚行为的形成是有直接影响的。在忠诚行为的形成过程中，单独的一次服务并不能给顾客带来连续不断地满足感和喜悦感，而是需要在累积的服务体验中逐渐形成对企业的良好的感觉，这种累积效应随着时间和交易次数的推移而逐渐增强，最终形成消费者忠诚行为。还有些学者认为，服务品质通过满意度间接地影响忠诚。国内外学者范秀成等（2006）、陆娟等（2006）、Ji Wan Kim（2015）、Miran Kim（2015）提出了服务品质是满意度形成的前置变量，而满意度是持续购买的主要直接影响因素。服务质量并没有直接地驱动顾客的忠诚行为，而是通过顾客的价值和满意而间接地驱动顾客的忠诚行为的形成。因此服务质量对于忠诚行为的形成是比较基础的因素，是通过影响到消费者的自我感知价值评估和满意度而间接发生的。

2.3.2　关于转换成本的研究进展

1. 转换成本的定义

关于转换成本(switching costs)，首先提出这一概念的学者是 Porter(1980)，他在《竞争战略》一书中提到，其是消费者在选择一项产品或服务的情况下，从一个商家或品牌转向另一个商家或品牌时所付出的交易成本，或者是在转换过程中由于要付出机会成本时要付出的代价。

从利益损失角度看，Porter (1980)、Heide 等(1995)认为转换成本是一种消费者需要额外付出的机会成本，它包括重新进行的信息搜集、评估、交易、学习、适应的过程，以及在这个过程中消费者所付出的时间、金钱、精力等成本。

从退出障碍角度看，Klemperer (1987)认为转换成本可以视为顾客面对当前的服务的一种退出门槛，这是由于社会的纽带关系、个人亲情关系、消费习惯在企业和顾客中存续了一段时间，在消费者心中产生了心理和情感的成本。由于转换成本的存在，会使企业在调查顾客满意度和忠诚行为时发生偏高的情况。

从不确定性角度看，Burnham (2003)认为，在特定的行业中，转换成本的高低能够有效地影响到消费者停留在当前的供应商的意愿。和顾客的满意度一样，转换成本也能够影响到消费者的购买倾向。因为高的转换成本意味着消费者在重新选择产品或服务的时候，就面临着更多的时间、心理和财务等方面的不确定性。

2. 关于转换成本的维度划分

在转换成本的分类中，不同的学者从经济学、心理学和管理学的角度将顾客划分成了不同的维度。学者 Klemperer (1987)将顾客的转换成本分成了三类。第一类是顾客改变商品或服务的供应商时发生的成本，如顾客需要重新去收集信息、价格比对、选择决策时发生的成本；第二类是学习成本，指的是顾客需要重新学习或者适应新的供应商，如学习新的交易规则、商品报价和折扣、新的合同条例和新的商业规则等；第三类是人为成本，如企业为了留住顾客所做出的努力，对下次的重复购买进行折扣或以会员的形式交易等。在转换成本的分类中，比较全面、学术界公认的是 Burnham（2003）对其的分类。该学者在综合考虑消费者所付出的时间、精力、金钱和关系损失后将转换成本分为三类：程序型转换成本、财务型转换成本和关系型转换成本。在第一类程序型转换成本中，其包括经济风险成本、评估成本、学习成本和建立成本。经济风险成本指的是如果消费者转向其他企业的产品或服务，所付出的金钱成本方面的风险；评估成本指的是消费者切换产品或服务时，所要多出花费的时间和精力，用来收集信息、评估新的供应商等等；学习成本指的是消费者切换新的供应商时，需要多花时间来学习新产品的使用说明和使用方法；建立成本指的是消费者转向其他企业时，重新花时间来建立新的人际关系的成本。第二类财务型转换成本包括利益损失成本和金钱损失成本。利益损失成本包括消费者转投其他企业时，失去的原有企业给予老客户或忠诚行为客户的优待、折扣和让利等；金钱损失成本包括顾客在购买产品或服务时，已经支付的各种前期费用，而这些前期费用在切换商家时就会变成沉没成本。第三类关系型转换成本包括个人关系损失成本和品牌关系损失成本两大类。个人关系损失成本指的是消费者进行品牌切换时，造成的人际关系的损失；品牌关系损失成本指的是消费者会丧失和原有品牌的关联度，失去和原有品牌的黏性关系。

3. 转换成本对于忠诚的影响研究

第一，转换成本对于忠诚有调节效应方面的研究。在转换成本与顾客忠诚的关联方面，很多学者利用实证研究的方法，对不同的行业进行调查，得到了许多有意义的结论，最早将转换成本与顾客的忠诚建立联系的是学者 Fornell。Fornell（1992）在 1989 年到 1991 年的时间内，调研了瑞典的 100 多家企业，涉及 30 多种不同的产业类型，将转换成本作为调节变量来影响顾客的满意度到顾客的忠诚的路径关系。结果显示，转换成本的高低对于不同的斜率有较显著的影响，即转换成本的调节作用是存在的。Qiu H 等（2015）认为转换成本是研究酒店消费者忠诚的非常重要的问题。因为消费者重复入住同一酒店可能并不是因为该酒店的服务到位、设施齐备，而可能仅仅是因为该旅客不想在转换的酒店方面付出多余的精力和时间。因此，现在很多研究把转换成本认为是一种消费障碍。作者通过调查中国的三个一线城市：北京、上海和广州的酒店行业，利用线上和线下的问卷数据证明了消费者的满意度对忠诚有显著的正向影响，而在高档的四星或五星酒店中，转换成本才会在满意度和忠诚之间起到调节效应。在相对低档的酒店，这种调节效应并不明显。

第二，转换成本对于忠诚有直接影响方面的研究。继 Fornell（1992）之后，更多的学者调研了服务行业、酒店行业、IT 产业等众多行业，通过实证研究，发现转换成本对于顾客的忠诚有正向的影响。林宜铮（2001）、Lee 等（2001）、Burnham（2003）认为消费者面对企业的一些转换成本时，会变成其选择另外一家供应商的阻碍。在其他条件不变的情况下，相对于转换成本低的顾客，转换成本高的顾客往往表现出更高的态度忠诚。崔萌（2014）基于电商平台用户的忠诚，提出转换成本是顾客从一个供应商转向另一个供应商的过程中，所付出的交易成本，其中包括时间、精力、心理、情感、学习、评估和经济方面的众多因素。他将转换成本分为两个部分：未转换收益和转换后的损失。未转换收益包括了损失绩效成本、设置成本和套牢成本，转换后的损失包括了转换前的分析成本、不确定成本和转换后的认知成本。研究的结论认为，转换成本会显著影响顾客的再购买意愿。因此，电商企业需要提高未转换的收益，保留现有平台的用户；同时降低转换后的损失，从而吸引从其他平台转换来的顾客。杨韫（2014）认为转换成本更能准确地反映消费者在购买过程中的心理活动机制，能够填补传统因素如满意度等在研究消费者忠诚上的空白。通过研究转换成本，可以得知消费者真实的忠诚行为情况，而不会使其忠诚被高估。其构建了转换成本到感知价值再到消费者忠诚的模型，转换成本包括了交易成本、学习成本、契约成本、心理成本、不确定成本和关系成本等方面。其通过市场调查收集了254份问卷，利用星级酒店消费数据证明了转换成本显著影响品牌的忠诚。特别是在高档的四星或五星酒店中，应该利用现有的会员制、积分制、特色服务等方面建立起较高的转换成本，从而吸引更多的消费者。Lin T C（2015）分别基于期望确认的理论，调查了智能手机用户的忠诚问题，提出了满意度、消费的惯性和转换成本等都会显著影响顾客的再购买意愿或者持续的使用相关的IT 产品的倾向。消费者的使用习惯、消费习惯会影响到其满意度，因为当消费者熟悉了某种产品的使用属性和操作界面后，就会产生消费的习惯思维，从而无形中形成了很高的产品转换成本。当消费者放弃现有的产品，而转换到其他产品的时候，就会感到不习惯和不适应。这类因素形成了很高的转换成本，从而会影响到消费者的忠诚。

2.3.3　关于满意度的研究进展

1. 满意度的定义

顾客满意度（Customer Satisfaction Degree，简称CSD）的概念首先由美国学者 Cardozo（1965）提出，之后在19 世纪的80 年代由 Oliver、Olson、Dove 等学者提出了"期望不确认模型"（expectation disconfirmation），这些学者将顾客期望这一概念引入了顾客满意度中，用顾客心理的预期值大小来衡量其满意度的大小。如果期望与感知绩效相比较不一致的时候，这种不一致的结果就称为不确认。如果实际表现超过预期，就称为正向不确认，如果不如预期就称为负向不确认，如果等于预期就称为确认或无差异。

目前在学术界公认的、经典的满意度的概念也被 Oliver（1999）重新定义为顾客的需要得到满足后的一种心理反应，顾客自己认为特定的产品或服务能够满足自己的需要的程度。William Boulding 等（1999）、Michael Tsiros 等（2004）、周伟忠（2011）认为满意度是指顾客对某种产品和服务的感受程度和水平，其满意与否取决于消费者之前的心里判断和期望值的大小。如果产品的绩效等于或者大于消费的期望值，消费者就会表现出满意的心理状态。反之，就会表现出失望或沮丧的心理活动。与之相关联的，具有直接影响因素的变量就是消费者的期望的形成。其是由消费者过去的购买经验、亲朋好友的口碑及营销者的广告信息和许诺等综合因素形成的。

2. 关于满意度的维度划分

第一，关于降低消费者抱怨方面的研究。顾客的满意度的反面就是顾客的抱怨，消费者的抱怨行为的研究开始于20世纪70年代，由 Best 等（1977）首先提出这一个概念，目前比较经典的定义是由学者 Singh（1988）提出的，其认为消费者的抱怨行为是在过去的消费体验中，由于不满意的经历，而引发的一些行为和非行为的多重反应。

关于顾客抱怨的分类，Day 和 Landon（1976）认为应该分成两类。第一类指的是顾客的公开行动，包括直接投诉商家，要求索赔和退款，向消费者协会进行申诉，向法院进行投诉等等；第二类指的是消费者通过私下的行为来开展，例如，在未来的消费活动中抵制商家，通过对亲朋好友的宣传来扩散有关商家的负面信息，以此来发泄消费者心中的不满情绪。之后的 Day（1980）在 Day 和 Landon 的二分类方法的基础上进行了修正，提出了三分类的方法，这三种分类是根据消费者进行投诉的目的来进行划分的：(1) 寻求赔偿型，指的是消费者的目的是向商家投诉，希望得到经济上的赔偿；(2) 表达不满型，指的是消费者的目的是表达心中的不满情绪，宣泄心中的气愤、恼怒等负面情绪；(3) 个人抵制型，指的是消费者的目的是不再使用该商家的产品或服务。类似的，还有学者 Singh（1988）对顾客的抱怨程度进行的三个层次的分类：(1) 直接抱怨，指的是向商家索要赔偿或退换货物；(2) 私下抱怨，指的是消费者会进行负面的宣传，在他的人群中扩散对于商家不利的信息；(3) 第三方抱怨，指的是消费者采取诉诸法律的形式来进行抱怨，或者引入第三方的调停人来进行调节。

为了降低顾客的抱怨，Stephen S 等1998）、Philip Kotler（1999）提出应该向有抱怨的顾客主动承担责任，而不是责怪顾客，应该提高对他们的关注度。

同时建立售前、售后出现的问题进行咨询和投诉，这样会大大地降低顾客的不满情绪，并且能够在短时间内解决顾客的问题，不至于让顾客的不满扩大。

　　第二，关于提升消费者满意度方面的研究。对于消费者的满意度形成过程，研究比较成熟的是 Oliver（1980）提出的满意度决策的因果模型（A Cognitive Model of the Antecedents and Consequences，简称为 CMAC），他是通过研究消费者在不同阶段对产品的表现和认知的不同程度，来描述消费者满意度的形成机理。其大致分成了四个不同的阶段。(1)消费者由于过去的经验、购买习惯、掌握的信息来形成对产品的预期；(2)消费者购买和使用该产品后，通过一段时间的用户体验，由此产生的对该项产品的各项功能、整体各个方面的评价。由于和之前的期望可能会产生不一致的地方，因此可能会产生三种不确认的情况；(3)顾客购买前的期望和购买后的不确认的程度会影响顾客的满意度的程度；(4)上一阶段所形成的满意度程度会重塑消费者的价值观和对产品的认知，会对原来的产品质量、品牌形象等进行修正，从而会循环影响到下一轮的消费者购买和决策。唐晓芬（2001）、Buhi E R 等（2007）、贾新明（2009）综合考虑了顾客期望、质量感知、顾客满意和顾客忠诚等因素，得出了顾客满意度的测评指标和评价报告，提出了提高顾客满意的几个方法：提升品牌形象、实施顾客满意战略、进行顾客价值分析、关注个体差异、推行顾客关系管理。

3．满意度对于忠诚的影响研究

　　第一，关于满意度间接影响忠诚方面的研究。Fornell 等（1996）通过构建美国消费者满意指数（ACSI）模型认为：满意度是形成品牌忠诚的一个重要因素，在调研的美国各行业中，通过大量的数据分析和实证研究发现：在比较成功的公司中，消费者的满意度是形成忠诚的必要条件。具体表现在：通过感知质量和顾客预期来影响感知价值，进而通过感知价值来影响顾客满意，最终顾客满意会影响到顾客的忠诚。Oliver（1999）、Taylor 等（2004）、陆娟（2004）、张欣瑞等（2010）、Janghyeon N 等（2011）认为顾客的重复购买行为是建立在顾客满意的基础上的，两者之间是正相关的关系，即意味着顾客的满意度越高，其忠诚度也会越高，在具体的测量时常常将满意度作为忠诚的前置中介变量。

许琦（2013）通过调查黑龙江省大庆市郊区的农村观光游客，收集了423份问卷，设置了李克特五级量表进行测量，分别以信任、满意和承诺为二级构面来衡量游客的满意度。通过 Baron 和 Kenny 的中介效应方法，得出了游客的满意度在服务质量和忠诚之间具有完全中介的作用，即乡村观光旅游的服务质量会通过消费者对景区的认知的满意而影响到其后续的忠诚。胡田等（2014）研究了中国在线旅游的市场营销情况，设置网站的导航功能、安全感知和交易费用作为自变量，以满意度和信任度作为中间变量，忠诚作为因变量，利用结构方程模型进行了相关的分析。调研的过程采用随机抽样的方法，选取了上海的主要知名景区，调研对象是已经在网上预定了相关的产品，然后到现场确认消费的顾客。调查的结果发现，满意度在三个自变量和因变量之间起到了显著的中介作用，因此企业必须培养高的满意度，这样才会影响到消费者再次购买旅游产品的意愿。吴忠华（2014）研究的对象是第三方的物流产业，其是为企业和客户之间提供专业化物流服务的，他通过构建心理契约——顾客满意度——顾客忠诚的模型来进行分析。调研数据包括了第三方物流企业的362份问卷，研究发现：满意包括了直接抱怨、非直接抱怨等，顾客满意度对忠诚有直接地影响作用和中介作用，必须及时分析顾客的诉求，双方经常沟通，减少投机的行为，充分满足顾客的心理需求，这样双方的合作关系比较密切，形成的满意度较高。顾客不会转向其他公司合作，忠诚就会提高。

Chang P C 等人（2015）提出，在我国台湾地区的汽车产业中，汽车产品的耐用性、功能性等产品质量属性使得汽车产业有别于传统的服务业。根据调研数据，我国台湾地区的汽车的平均使用寿命在10年左右。作者用结构方程模型实证检验了汽车的产品质量和服务质量对于后续的顾客忠诚的影响。结果发现：服务质量属性和汽车的产品质量属性并没有对忠诚有直接影响，而是通过不断增强的顾客的满意度作为中介变量而间接地影响忠诚。

第二，关于满意度直接影响忠诚方面的研究。Shoemaker（1999）在针对迪士尼乐园的案例进行研究后，发现顾客的满意度是导致忠诚的直接原因，但是如果顾客的满意度没有转化为忠诚，可能有四个方面的原因：兴趣减退了；好奇心阻止了他们的再次尝试；价格敏感的顾客；商家没有将满意的顾客转化为忠诚。国家质检总局质量管理局、清华大学于2003年在美国、瑞典、欧洲等国家和区域的顾客满意度研究的基础上，结合我国的各行业的具体情况发布中国顾客满意度指数。国家质检总局质量管理局和清华大学通过调研了全国的26个省、市、自治区和直辖市的8个行业，以及全国50个主要城市的11个行业的生产经营情况，通过建立模型、数据测评、分析计算，得出了顾客的忠诚有5个显著影响的变量：品牌形象、预期质量、感知质量、感知价值和顾客满意度。

张飞相（2014）以高校的师生为数据采集对象，调查他们在当当网、卓越网、京东网等购书的经历，回收的问卷达到了372份，利用结构方程模型进行了消费者忠诚的分析。其构建的因素包括了网络书店的感知质量、品牌的美誉度、顾客的满意度、信任和转换成本。研究发现，满意度对于忠诚的影响最大，达到了0.832，其次是书店的品牌形象和转换成本。

第三，关于满意度与态度忠诚的关系方面的研究。国内外大量的学者研究认为，满意度是一种消费者的心理变化，而态度程度是消费者对于某个品牌或商家再惠顾的意愿，二者之间的关系非常密切。这两个潜变量都属于消费者的内心变化过程，消费者满意之后自然会产生忠诚的倾向。Hoyer（2004）认为满意度会是引起消费者推荐或口碑的原因，消费者在经历了愉快的购物体验或服务后，会形成向他人宣传的冲动，这种冲动就会形成口碑营销的效果。范秀成（2006）特别研究了满意度和忠诚之间的关系，他提出，忠诚可以细分为态度忠诚和行为忠诚。他通过研究国内外的忠诚之间满意度关系，通过元分析的方法得出具有满意度的顾客一般有较强的重复购买的意愿，但是其可以转换到其他的商家去的结论。因此，对于行为忠诚，满意度仅仅是必要条件，而并非充分的条件。而对于另外的一个分支态度忠诚而言，满意度和其具有稳定的关系，满意度和其的各个维度：推荐、口碑和信任的系数的关系都为显著，但是满意度和态度忠诚的另一个维度：价格容忍方面的关系还不明朗，需要进一步的研究。Gremler（1995）、顾春梅（2006）认为，满意度对忠诚的几个维度的影响都是显著的，其中，满意度对于态度忠诚的影响大于行为忠诚，消费者满意度里面的认知和情感会直接影响到其意向性，通过不断地累积形成态度忠诚，最后由态度忠诚转化为行为忠诚。杜立婷（2015）认为，态度忠诚是消费者对于特定的品牌或商家的积极认识，满意度是形成态度忠诚的重要因素，只有达成了消费者的满意，才会形成消费者的偏好，从而提高消费者对于该品牌的推荐概率和再次购买的概率。

2.3.4 关于品牌形象的研究进展

1. 品牌形象的定义

关于品牌形象的定义，比较早的由美国学者大卫·奥格威（1948）提出，他从同质化的角度出发，认为许多进行同质生产或制造的企业，其产品或服务对于消费者而言很难区分。企业应该通过提供给消费者一个可以联想的概念来提升其认知程度。例如，企业可以通过广告、宣传片、品牌形象的代言人等赋予企业不同产品以不同的企业文化，这些独特的企业文化都是针对特定市场的目标群体的，因此会在消费者的心中形成具有辨别力的意向。著名的学者 Lau G T 等（1999）提出，品牌形象可以促进消费者的可持续购买动机，品牌不仅具有通常的物理属性，同时也具备消费者的心理特征，是企业的产品和服务在消费者的心中的定位。

从消费者心理学、行为学派的角度出发，Keller 等（1992）认为品牌形象可以定义为品牌的联想和感知的质量两个部分。其中，品牌联想是消费者在接触到某个特定品牌时对其产品特征、企业形象、价值功能、使用受众、价格区间等方面的综合判断。品牌形象实际上是一种无形的感知和整体的印象，这种印象可以引起消费者正面或负面的态度和感觉，从而影响消费者的后续购买决策。相似地，Biel (1993) 和 Keller (1993) 也都是从心理学和消费者行为学的角度来解释品牌形象。认为其是企业的宣传在消费者内心的一种反应，从意识上形成的一种态度或者情绪。消费者在进行消费选择的时候是有限理性的，他们会记住企业中一个有强大影响力的概念。这个概念可能是一个标志、符合或者广告语。品牌形象指的是在人们心中存在的对于企业的印象，即当人们听到企业的名称或看到企业的商标时，头脑中浮现出来的对于该企业的企业品牌、企业文化、企业精神、企业价值观的联想。其主要是由消费者在过去和企业的接触过程中形成的经验，由这些经验形成的主观的印象和感知。

从个性化的角度，学者 Dobni D 等 (1990) 以此为切入点来解释品牌形象。认为品牌形象是有鲜明的个性的，他们通过形象代言人、广告、标语、宣传、社会公关和营销渠道等方面来打造鲜明的个性，让消费者印象深刻。通过品牌的个性来和目标客户的自身个性相结合，从而引起顾客的内心共鸣，从而产生购买的意愿。类似的，Pohlman 等 (1973)、Hendon 等 (1985) 同样关注品牌形象的象征的含义的内容。他们的定义和之前的品牌形象的功能和效用的含义有所不同，更加关注特定品牌的象征和表达的内涵，如品牌所传递的个性、社会地位、身份阶层、气质、形象等。因此，此类观点更加注重品牌形象的抽象化含义，而不再注重其产品名称、包装、功能、效用、商标等具体的形象。

2. 关于品牌形象维度划分

对于品牌形象的组成结构方面，有学者 Spector 在 1961 年从人的性格特征出发，过渡到了品牌形象上去。他根据人的不同的性格特点来描述企业的不同形象，划分出了品牌形象的六个不同的方面，包括积极性（dynamic）、合作性（cooperation）、企业智慧（business-wise）、企业特质（character）、成功性（success）、退缩性（withdrawn）。其中积极性指的是企业所表现出来的主动性、在企业战略上的导向、在市场份额中的地位等等；合作性指的是企业在和顾客、上下游的企业接触过程中所表现出来的亲近性、友好性等特点；企业智慧指的是企业的决策者的敏锐性、洞察力，对未来的趋势的判断能力；企业特质指的是企业所承担的社会责任、社会道德等方面的职责；成功性指的是企业所取得的财务上、经营业绩上、市场领导地位上的成就；退缩性指的是企业在战略的选择上保守，不具备冒险的意识，不敢创新等特质。

此外，还有学者 Hay 等(1974)从其产生的背景和根源出发，总结出了一个品牌形象构成的多重维度模型。在这个模型中包括了品牌形象的多个方面：企业外界的人际沟通所传递的信息从而形成的消费者的心理判断；消费者之前对该产品的经验，与该产品使用过程中所产生的用户体验；大众传播的媒体、广告、宣传片等传播形象；在企业中存在的上下游产业链上的企业，尤其是面对消费者的终端零售商都会给消费者带来的品牌形象；此外，公司所发布的政策、承担的社会责任、公司员工的外在形象等都会构成消费者对该品牌形象的形成和判断。

Park (1986)提出了品牌形象的两个维度的划分，一个是关于功能性的维度，另一个是关于象征性的维度。功能性的维度侧重于产品的有形性和实用性的价值。例如，商店店铺的有形性是指商店较为直观的形象，是指消费者进入商店后所看到的门店的布置、商品的陈列、店铺的装修与装潢等。功能性形象包括服务形象、价格形象和推广形象。产品的功能性形象是指消费者对所售卖产品的功能、质量、用途、耐用性等方面的看法。例如，沙发的实用性品牌形象就包括了沙发的舒适性、柔软程度和耐用性等特征。另一方面，象征性维度主要围绕着消费者的地位、声望、个性、性格特质展开。

Biel (1993)也认为品牌形象可以细分为三个类别：公司形象(corporate image)，指的是公司的企业文化的对外传播的结果，是企业精神、企业价值观的外在体现。包括公司的历史、规模、实力和承担的社会责任等方面；产品形象(product image)，指的是将产品作为载体，反映产品的功能、结构、形态、色彩、材质、标志、图形等，包括产品的产地、包装和功能特征等方面；使用者形象(user image)，指的是谁在使用这些产品，同类的消费者具有哪些共性的特征，使用该产品的消费者的身份和地位有哪些共性等方面。

对于品牌形象的组成结构方面，比较经典的观点是 Keller K L 等（1998）提出的四个维度的划分。他将品牌形象划分为品牌联想的类型、品牌联想的美誉度、品牌联想的强度和品牌联想的独特性。同时，品牌联想的类型又是由品牌特征、品牌利益和品牌态度构成的，指的是消费者在接触到该品牌时，所感知到的该产品的功能、作用、效用和情感的倾向。同时，品牌的独特性指的是该产品的市场定位和特征具有鲜明的辨识度，和其他同类产品显著不同，因此能引起消费者强烈的印象和记忆。

3. 品牌形象对忠诚的影响研究

Biel（1993）认为好的品牌形象能够构建优秀的品牌定位并且提升企业在市场中的表现。具体而言，当品牌形象和消费者的期望匹配的时候，满足了消费者的心理预期和对相关产品的需要时，品牌的一致性就出现了。根据图式理论的内容，这种一致性会引起消费者的品牌表现，例如，提升消费者品牌满意度和美誉度，提高消费者的品牌忠诚。Cristina C P（2015）认为在零售企业中，竞争日趋激烈，很重要的战略就是要发展并管理好自己的品牌。他在模型的构建中，考虑了产品、零售商、消费者的个人因素，制造商的辨认和包装，消费者的忠诚和购买意愿等。他在调研了362个消费者的样本之后，发现品牌形象、商标形象、包装的优劣都会影响到消费者的忠诚，要不断培育消费者对商标的感知，商店的形象和公司的声誉。同时，他还将制造商的辨识情况作为调节变量进行检验，通过实证检验证明了制造商的辨识这一因素在品牌形象、商铺陈列和忠诚、购买意图之间的调节效应是存在的。Meyer-Waarden L（2015）调查了两种零售的业态：杂货店和佐料店，重点考虑了在不同消费者的涉入情况下，其忠诚的形成过程。其研究发现，在不同的消费者卷入的状态下，对商店的偏好和忠诚表现出了明显的差别。在消费者高度参与的情况下，零售商店的店面形象、货品的陈列摆设和无形的资产都能增显著地增强顾客的购买倾向。

而获得回报的时间的早晚，是否及时或者被延误是没有影响的。而通过多群组比较的另一个低度消费者卷入组中，却得到了相反的结论，品牌形象、店面的装修设计、商品的陈列和摆设对忠诚没有影响，而消费回报的及时性和有形性却能极大地增强忠诚的倾向和再惠顾的偏好。

陆娟等(2004)、蒋廉雄等(2006)在进行实证分析后，得出了企业品牌形象的塑造对于客户的忠诚有明显的正相关的影响作用，并且不同的品牌形象对于客户忠诚的影响也不同。例如，购买的便利性能够显著地影响消费者的忠诚，因为随着经济社会的不断发展，消费者的懒惰性也在不断增加，如果能够增加在消费体验中的舒适性和可得性，则可以增加消费者的满意度和忠诚。学者刘春峰(2012)在调研了河南的房地产企业后，得出了河南建业集团的品牌形象对于顾客的忠诚的形成有正向的相关影响的结论，并且不同的品牌形象对于顾客忠诚的影响也不相同，因此企业应该按照现有的资源来合理地打造品牌形象。主要从以下的几个方面出发：(1)塑造好建筑的质量，只有提高了住宅的质量，才能赢得消费市场的满意和忠诚；(2)打造适合目标客户群体的需求的配套景观和社区绿化，并且在辅助设施方面下功夫来营造，如幼儿园、超市、公交线路等生活必需的设施和场所；(3)要主动参与竞争，在和国内知名房地产商的竞争中找到比较优势，从而塑造属于自己的品牌形象，以此做好客户的忠诚营销拓展。

2.3.5 关于服务品质的研究进展

1. 服务品质的定义

首先在学术界将品质的概念引入服务领域的是 Regan (1963)，其提出了服务品质的概念，他认为不同于普通流通的商品，服务具有无形性、异质性、不可分割性和易逝性四个特征。(1)无形性(intangibility)，指的是服务消费体现的是一种过程性，不像普通的工业产品那样具有有形的实体，服务强调的是生产和消费的同时性；(2)异质性(heterogeneity)，指的是在不同的环境下，服务所提供的品质差异非常大。不同于通常的工业产品，其具有生产程序和质量标准的一致性。而服务会因为提供的时间、地点、提供者等各种因素的不同而不同；(3) 不可分割性(inseparability)，指的是服务的生产和消费的主体和客体是同时存在的，缺少了主体和客体的任何一方，服务就无法进行下去；(4) 易逝性(Perishability)指的是服务的不可存储，要在提供的同时被消费者消费掉，而不能存储至一段时间之后再消费，即具有易逝的特性。之后的学者在此基础上进行了进一步的探索，学术界公认的比较具有影响力的是芬兰学者 Gronroos (1984)根据心理学的理论，首次提出的消费者感知服务质量这一概念。他认为服务质量是一个主观的感知，取决于消费者对质量的预期和实际的感知水平，并提出了经典的服务质量感知的公式：SQ=PS-ES。其中，SQ 指的是客户感知到的服务质量，PS 指的是服务质量的测度，ES 指的是客户心理对服务的预期。之后，Gronroos 又在其基础上提出了改进的总感知质量模型，在此模型中，产品的技术质量和功能质量都会影响到公司的影响，而公司的形象会影响到消费者的感知价值。而另一方面，消费者的预期取决于公司的业绩、口碑、品牌宣传及公共关系等。

美国质量控制学会(American Society of Quality，简称 ASQ)、美国营销协会(Marketing Science Institute，简称 MSI)提出了服务质量权威的概念，其认为服务品质包含的内容包括适合消费者使用、符合要求、性能稳定等方面的特征，应该是该项服务能够满足现实的或者潜在的需要的整体特征与特色。当该项服务达到或超越了消费者的心理预期时，就称该服务达到了所需的质量要求。若感知的服务质量高于心理的预期，则消费者就会定义为高满意度、高水平的服务，下次可能还会光顾。反之，顾客可能不会再次光顾。

2. 关于服务品质的维度划分

目前在学术界最具有影响力的服务品质的结构划分是 Parasura 等(1985)所提出的理论，包括有形性、可靠性、反应性、信任性、胜任性、礼貌性、安全性、接近性、沟通性和理解性。有形性指的是服务设施的完备性，包括服务的用品、设备和其他相关的设施。可靠性指的是商家注重一致的承诺，重视对消费者的售后的保证。反应性指的是服务提供者的回应意愿和即时性。信任性指的是把顾客的利益放在第一位，使顾客有信赖和相信的感觉；胜任性指的是服务的提供者要具备提供服务的资质水平和执业证书等专业技能和知识。礼貌性指的是服务人员的服务态度与礼貌行为。安全性指的是消费者应该可以免于担心风险和消费陷阱等问题。接近性指的是商家和消费者应该容易接触或联络。沟通性指的是双方可以用语言和行为等进行沟通并没有障碍；理解性指的是商家需要对客户的需求进行了解。而对于服务品质的构成要素，Parasura 等（1988）又进一步地简化为五个要素：可靠性、响应性、保证性、移情性和有形性。可靠性是指在多次的服务提供过程中，总能以相同的方式，没有差错的完成。其主要指的是避免在服务过程中的差错出现。响应性指的是应对顾客的要求、投诉、提问等情形时，企业应该在第一时间做出合理正确的反应，缩短顾客的等待时间。其关键在于企业的组织结构、响应的程序和办事的效率。保证性指的是企业所提供的产品和服务是有保证的，表现在产品质量是合格的，服务人员是训练有素、具备专业胜任能力的，因为只有这样的产品和服务才能够让消费者放心。移情性指的是服务人员会舍身处地地为顾客着想和思考，从顾客的角度去解决问题。有形性指的是设备、设施、硬件、环境等方面的表现。

另外 Rust R T 等（1994）提出了三个维度的划分。由服务产品、服务传送和服务环境构成，其特别强调的是服务的流程性。因此，他们特别在前人的研究基础上加上了服务的可传达性，认为只有传达到消费者，被其感受到的服务才是合格的服务。对于服务质量的划分方面，还有学者 Sasser 等（1978）提出了 7 个方面的构成要素：（1）安全要素，指的是消费者在多大程度上信赖供应商所提供的服务；（2）一致性要素，指的是供应商所提供的服务应该是具有统一的标准的，在产品的制作工序、原料的选材、设备的操作流程上是统一的；（3）服务态度要素，是指服务态度是否是亲切和蔼的，易于亲近消费者；（4）完整性要素，是指服务设备的完好性；(5)调节性要素，是指供应商可以根据消费的不同偏好而提供个性化的服务；(6)即用性要素：是指消费者到供应商处的交通便利性；(7)及时性要素，是指较短的时间范围内将指定的服务交付给消费者。

3. 服务品质对忠诚的影响研究

第一，关于服务品质直接地影响忠诚方面的研究。刘承水等(2007)认为，可以通过不断提升的服务质量来提升顾客的忠诚，即服务品质对于消费者忠诚的形成是有直接影响的。而且企业有时为用户推送的小的额外附加服务，虽然其价值和重要性都不高，但是却可以极大地提升消费者的忠诚。在忠诚的形成中，单独的一次服务并不能给顾客带来连续不断地满足感和喜悦感，而是需要在累积的服务体验中逐渐形成对企业的良好的感觉，这种累积效应随着时间和交易次数的推移而逐渐增强，最终形成了消费者极强的企业产品或服务的依赖程度，即消费者忠诚。汪利虹(2014)在物流业的客户服务中，利用SERVQUAL 量表构建了有形性、可靠性、响应性、保证性和移情性的测量尺度，证明了服务会对客户的忠诚有显著影响。

第二，关于服务品质通过满意度间接地影响忠诚方面的研究。国外学者Anderson 等(1993)提出了服务品质是满意度形成的前置变量，而满意度是持续购买的主要直接影响因素。他们用模型来解释了满意度的引起原因和会导致的后果，他们的调研数据包括了1989年到1990年瑞典的主要商品和服务业的不同顾客，结果发现：满意度可以解释成感知服务质量和没有达成预期期望的一个功能。同时，相对于超越期望而言，没有达到期望对满意度和再购买的意愿的影响比重更大。Buzzell 等(1987)、范秀成等(2006)、陆娟等(2006)、Ji Wan Kim (2015)、Miran Kim (2015)认为服务质量并没有直接地驱动顾客的忠诚，而是通过顾客的价值和满意而间接地驱动顾客的忠诚的形成。因此服务质量对于忠诚形成是比较基础的因素，是通过影响到消费者的自我感知价值评估和满意度而间接发生的。即企业如果想提高顾客的忠诚，必须重视对于提升服务质量的努力，给他们留下优质、高品质和令人回味的服务印象，从而提升消费者心中的对企业的认知，从而形成满意度，而只有高等级的满意度才能导致顾客高级层级的忠诚，一般水平的满意度并不能引起顾客高的忠诚和支付溢价的意愿。

Moreira A C 等（2015）通过经验研究的方法，通过对葡萄牙的私人医院的心脏门诊的等候的病人进行抽样调查，获取了175份调研数据，检验了服务品质与忠诚之间的关系。他们在研究服务品质的时候，借鉴了 Parasura、Zeithaml 和 Berry 在1985年和1988年的量表，并且结合医院的服务特点开发出了 SQAS（道路安全质量评估体系检查表）的独特量表，包括评价医院的员工的表现、态度，医护的服务，等待室的环境和空间，诊疗室的大小和设备等医院的特色。通过 AMOS 和 SPSS 的实证分析发现，其开发的量表是真实的、有意义的，并且服务品质是病人满意度的前置变量，服务品质透过满意度引起了越来越高的信任和对该医院的忠诚。反过来，忠诚的顾客又可以通过积极的口碑让医院吸引到更多的病人和签立更多的医疗合同。

综合上面各方面的文献，很多学者做了大量的工作，也取得了较丰富的研究成果。国内学术成果也不断完善，尤其是在许多具体的行业中有了一些探索性的研究。但是不可否认，在茶叶领域中的研究有可以继续深入探讨的地方。

第一，研究目的方面。现有的文献主要关注消费者忠诚的问题，而较少针对忠诚行为进行探讨。同时，在茶叶消费者特征的调节作用中，如买茶用途、饮茶年限、参与微营销、参与 O2O 营销的互动等文献尚不多见。在体验营销、服务营销不断更新发展的前提下，如何体现茶叶行业服务营销中新的信息技术手段的驱动因素，从而建立新的营销手段和战略，是当前茶叶企业培养顾客忠诚行为所需要研究的问题。

第二，研究对象方面。现有研究主要是以旅游行业、餐饮企业、IT 行业、电信行业等作为研究对象，缺乏来自茶产业中企业的样本数据，茶产业作为农业中的朝阳产业，其产业特点、消费者行为、政府政策、制度环境等方面与其他产业有较大的差别，现有的结论能不能为茶产业所用还有待检验。因此，需要研究茶叶行业中的特殊性，这也就为未来的研究提供了方向。

第三，研究量表方面。关于其他行业的忠诚测量量表在之前的文献中还是比较充分的，但是关于茶叶企业的消费者忠诚行为的测量量表、茶行业中服务品质测量量表等还有待于完善。本研究试探着结合茶产业生产、服务、消费的特点，通过经典的操作性定义来开发具有茶行业特色的量表，以丰富茶行业的市场营销的理论。

第四，研究模型方面。在以往的研究的服务行业的案例中，尽管品牌形象、转换成本、满意度等潜变量都对忠诚行为有正面的影响，但是相同的潜变量的地位并不相同，例如，品牌形象可以直接影响忠诚行为，同时也可以通过中介效果间接地影响忠诚行为，或者有研究认为品牌形象只能通过满意度的中介变量来影响忠诚行为。因此未来的研究会侧重于在茶产业中的情形。

第 3 章　当前茶叶市场的状况和存在的问题

本章从茶叶的产品特征出发，从三个层次分析了整个茶叶市场的状况，即茶叶产品的情况、茶叶消费者的情况和茶叶市场的情况。重点分析了茶叶市场中存在的问题和约束条件，发现现有的茶叶营销只有提高消费者的忠诚行为，提升消费者对于品牌的黏性，减少顾客的流失，才能提升企业的市场占有率和提高销售收入。

3.1　茶叶产品的特征概述

茶叶是中国的悠久历史文化的名片，中国居民的消费结构中自古就有茶叶的存在。就茶叶本身而言，因其茶汤的营养和保健功能而深受消费者喜爱，例如，茶叶中含有钾、钙、镁等11种矿物质，其茶素可以抗氧化、抗肿瘤、抑制血压上升，其咖啡因可以让人保持头脑清醒且较有耐力等优点。随着人民生活水平的不断提高，茶叶消费已经不再是满足日常消费的"口腹之饮"，而是更加侧重于茶文化的感受、茶馆的体验营销和生态有机茶的低碳消费等方面。在茶叶产品的分类方面，比较常见的是按照生产和制作方法将茶叶分成六大种类：绿茶、黄茶、黑茶、红茶、白茶、乌龙茶(青茶)等。

3.1.1　绿茶

绿茶又称为不发酵茶，其是经过了杀青、揉捻、干燥等典型工艺过程制成的茶叶。其干茶色泽和冲泡后的茶汤、叶底以绿色为主调，因此得名。绿茶的特性，较多地保留了鲜叶内的天然物质。其中茶多酚、咖啡碱保留鲜叶的85% 以上，叶绿素保留50% 左右，维生素损失也较少，从而形成了绿茶 "清汤绿叶，滋味收敛性强" 的特点。

3.1.2　黄茶

黄茶属于微发酵的茶（发酵度为10% ~ 20% ），黄茶的品质特点是 "黄叶黄汤"。这种黄色是制茶过程中进行闷堆渥黄的结果。黄茶分为黄芽茶、黄小茶和黄大茶三类。黄茶芽叶细嫩，显毫，香味鲜醇。

3.1.3　黑茶

黑茶属于后发酵的茶（发酵度为100% ）。由于原料粗老，黑茶在加工制造过程中一般堆积发酵时间较长，因为叶色多呈暗褐色，故称黑茶。此茶主要供一些少数民族饮用，藏族、蒙古族和维吾尔族群众喜好饮黑茶，是日常生活中的必需品。

3.1.4　黄茶

红茶以适宜制作本品的茶树新芽叶为原料，经萎调、揉捻(切)、发酵、干燥等典型工艺过程精制而成。因其干茶色泽和冲泡的茶汤以红色为主调，故名。红茶都为全发酵的茶（发酵度为80% ~ 90% ），红茶加工时不经杀青，而且萎凋，使鲜叶失去一部分水分，再揉捻(揉搓成条或切成颗粒)，然后发酵，使所含的茶多酚氧化，变成红色的化合物。红茶主要有小种红茶、工夫红茶和红碎茶三大类。

3.1.5　白茶

白茶，顾名思义，这种茶是白色的，一般地区不多见。白茶是我国的特产，产于福建省的福鼎、政和、松溪和建阳等县，台湾地区也有少量生产。白茶生产已有200年左右的历史，最早是由福鼎县(即现在的福鼎市)首创的。该县有一种优良品种的茶树——福鼎大白茶，茶芽叶上披满白茸毛，是制茶的上好原料，最初用这种茶片生产出白茶。

3.1.6　青茶

青茶亦称乌龙茶、半发酵的茶(发酵度为30～60%)。乌龙茶综合了绿茶和红茶的制法，其品质介于绿茶和红茶之间，既有红茶的浓鲜味，又有绿茶的芳香，有"绿叶红镶边"的美誉。品尝后齿颊留香，回味甘鲜。乌龙茶的药理作用，突出表现在分解脂肪、减肥健美等方面。

3.2　茶叶消费者的特征分析

根据第2章介绍的菲利普·科特勒消费者行为理论，消费者的内在因素被认为是"黑箱部分"，因为其不易被外界察觉，但是其在接受外在的营销刺激后会产生后续的重要购买决策。因此，茶叶消费者的购买过程中也存在同样的"消费者黑箱"，同时由于茶叶产品消费的特殊性而表现出不同于其他商品的独特性，具体可分为以下几个方面。

3.2.1　茶叶消费者具有主观性

茶叶消费不同于其他产品的消费，对于服装消费，可以从其品牌、设计、色彩、布料等角度进行相对客观的评价。对于餐饮服务，也可以类似地从食材的选用、新鲜程度、色泽和相位等进行评价。上述的产品都有相对客观的评判标准，对于优等品、一级品、次品等有相应明确的划分标准。而对于茶叶来说，从一斤9元到一斤18万的都有，但是普通大众的评判标准却主要是主观的感受，传统的判断程序是一看汤色、二闻香气、三品滋味。而这些过程的主观因素会占很大的部分，尤其是在品滋味的过程中，每个人的口感、喜好、味觉都有差异。因此，对于大众的消费者来说，对于茶叶消费的评价更多地是依赖于个人的主观感受、经验、习惯和口碑的传播等。例如，在本章第一节介绍的六类茶叶中，有人喜欢红茶的醇厚，回味悠长；而有些消费者却偏爱铁观音的香气和韵味，琥珀色的汤底；而有些消费者却偏爱白茶，认为其有养生、减肥、调节生理机能的良好作用。因此，研究茶叶消费者偏爱就不仅仅是产品本身，需要更多地关注消费者的不同特征，考虑他们不同的诉求和需要。

3.2.2　茶叶消费者的涉入程度不同

茶叶消费不同于其他普通产品的方面在于，其涉入程度有本质却别。例如，超市的卫生纸等用品，消费者可能会在采购过程中为其付出金钱和精力，但是很少有消费者会对纸巾等商品产生深厚的感情，而仅仅是在消费纸巾产品的使用价值。而茶叶产品和烟酒产品类似，它们都有种让消费者涉入程度不断变深的属性，也就是消费的上瘾性和习惯性。一旦消费者培养成了强大的上瘾性和习惯性，就会产生后续的重复购买行为。随着消费者的卷入程度的提高，他们对茶叶的消费层次也在不断提升，高层次的消费者不再满足于基本的饮茶需要，而是一种茶趣：吃茶、赏茶、斗茶和品茶之趣，并且在这个过程中不断提升对茶文化和茶叶品质的认识。例如，普通的消费者只能够通过品牌、包装和宣传等表面的因素来选择和消费茶叶，而资深的茶客可能最不在乎的就是包装、宣传和品牌，他们只选择口感和品质最优良的茶叶，完全看重的是茶叶的内在价值部分。因此，在分析茶叶消费者的特征时，必须将这两类群体分开，因为他们的观点和购买决策差异较大。

3.2.3　茶叶消费者的购买用途不同

茶叶不同于其他的消费产品，其购买的用途存在特殊性，明显区别于其他的商品，例如生鲜商品，购买用途主要是自己日常生活食用，而很少有其他的用途；对于汽车和房产来说，除了消费者的使用用途以外，很重要的一个用途就是炫耀性消费，即"面子问题"；对于珠宝和箱包等顶级奢侈品，消费群体更多地不是关注产品本身，而是关注该品牌给他们带来的尊享感和荣誉感，即更多地是获得一种精神上的享受。而对于茶叶商品而言，其购买用途可分为两种，即自己饮用和送给别人做礼物。第一种自己饮用主要指的是自己在家里、办公室等场所接待客人时冲泡。由于在福建很多地方，尤其是闽南地区都有进门先喝茶的习惯，因此，自己饮用的茶叶成了一种生活必需品。此类茶叶更注重的是品质、口感和色泽，而不太注重品牌和包装。第二种是在社交场合，送给老师、朋友、同事、长辈、员工等，例如，八马集团推出的"政商礼节茶"和"企业员工定制茶"等，这类茶叶由于要充当礼品，所以特别在乎的是品牌、包装、形象设计。因此，在分析茶叶产品的消费情况时，一定要结合其不同的购买用途进行分析，因为消费者基于不同的用途，其购买的期望、效用函数、支付意愿等都是不一样的。

3.2.4 茶叶消费者具有圈层性

像服装、鞋帽、水杯、手机、电脑等私人物品都是由使用者一人独享，在很多场合还会有使用者的隐私，所以不能拿到外界去与大众分享。茶叶消费不同于这类产品的地方在于，茶叶产品具有公共性，它是一种集体消费，可以分享的商品。并且由于物以类聚、人以群分，茶叶产品会聚集一批有共同爱好的茶客消费群体，即圈层消费者。随着信息技术的不断发展，这些茶客会通过社交网络平台、手机、论坛等聚集在一起，突出的是喝茶的品位和氛围。随着茶叶消费的层次越来越高，人们消费茶叶不仅仅是为了解决口渴的需要，更多地是作为一种圈层交际的手段，成为特定人群交流的平台和沟通的媒介。在茶文化不断发展的今天，茶文化又与禅文化、修身养性文化高度结合在一起，使得这个圈层的感染力和吸引力不断扩大，这些特点又和艺术圈子、美术圈子、收藏品圈子里面的特定人群高度契合，使得茶叶产品的圈层消费者越来越壮大和独特。

3.2.5　茶叶消费者具有多群组性

根据前面介绍的消费者行为的理论，茶叶的消费者根据不同的人口统计特征，会显现出不同的购买茶叶状态。常见的人口统计特征是：可支配收入、性别、年龄、职业类别等。在研究消费者的购买心理时，需要分门别类地将这些情况区分开，为以后茶叶企业制定详细的市场细分战略提供依据。

对于可支配收入而言，低收入的茶叶消费者更加注重的是刚需的商品，特点是实惠、性价比高，他们选择的更多地是无公害产品和绿色产品，而高收入的群体不仅要满足茶叶消费的物质和精神的层面，还更加追求健康和环保，他们倡导低碳消费的理念，因此可能会倾向于有机茶的种类。对于性别的区分而言，女性更加关注的是茶叶的养颜、美容的功效，而男性更加关注的是滋味、色泽和香气等产品属性。对于不同的年龄段的消费群体而言，年轻的消费者更加偏爱每年刚采摘的新茶，而年长的消费者更加关注陈年的老茶，因为他们觉得老茶的滋味更厚重、更醇香。对于不同职业的人群来说，差异也非常明显。例如，商人比较偏爱普洱茶，因为其不仅能够饮用，还能够作为商品进行收藏，具有投资和增值的潜力。而普通的公务员和教师比较倾向于中档的常规茶，而很少去接触价格昂贵的普洱茶。

3.3　茶叶市场的特征分析

3.3.1　当前茶叶市场的产销情况

我国是茶叶的故乡，是名副其实的茶叶大国。在本章3.1节中介绍的六大茶类中，红茶、绿茶、黑茶、青茶、黄茶、白茶等在我国都有相对应的主要产茶区。在我国的31个省市自治区中，涉茶的有20个，茶叶不仅带动了当地的茶农经济，还带动了相关的茶产业经济，如茶叶机械、茶叶包装、茶叶食品和茶文化旅游等行业，每年带来的 GDP 增长达到了 6 000 亿人民币，占整个国民生产总值的 7% 左右，是我国重要而富有特色的农业产业之一。

在茶叶的市场销售方面，分为内销和外销两个部分。总体而言，国外销售主要是出口到发达国家，作为对方的原料茶，因此价格和等级都不高，产品的附加值较低。国内销售由于居民可支配收入的提升，在消费价格、茶叶品质、产品需求方面不断发生着变化，从而促进了茶产业不断转型与升级。

从国外销售来看，在世界范围，全球有 20 多亿人钟情于茶叶，有 160 多个国家和地区有茶叶消费的习惯。自 20 世纪以来，世界茶叶的消费量一直稳定在 250 万吨左右，消费的形式有袋装茶、冲剂茶、茶饮料等，人均每年的消费量达到了 1 斤。茶叶已经成为全世界范围内的主流饮料。而我国在世界茶叶市场中，是第一大茶叶的生产和出口国，主要出口的品种有绿茶、乌龙茶和红茶。其中，绿茶主要销往摩洛哥、乌兹别克斯坦、阿尔及利亚和塞内加尔。乌龙茶主要销往日本、欧盟和俄罗斯。以泉州市安溪县为例，其不断提高乌龙茶的茶叶品质，已经在整个茶园的生产过程中建立了可追溯系统，顺利通过了进口国的各项检测。从 2006 年以来，已累计出口茶叶 1 万多吨，创汇 5 000 多万美元，取得了巨大的经济效益和社会效益。在国内市场的销售方面，随着人民的生活水平不断提高，对茶叶的消费不再局限于饮品的范畴，而是更加倾向于保健茶、养生茶和茶文化等方面，从大宗茶转向了名优茶、品牌茶为主，从"实物消费"转向"体验消费、感觉消费"的变化非常明显。从世界平均水平来看，我国的人均年消费量在 300g，远低于世界的人均年消费量 500g 的水平。据统计，在我国的 13 亿人口中，饮茶的人口约占 2.6 亿，说明我国的饮茶人口的比例还不高。但是我国的人口基数大，即使未来市场有很小比例的提升，带来的绝对数的市场变化量仍然是很可观的。因此，国内的市场消费还有潜力可以挖掘，应该充分扩大宣传，进行茶文化的普及，提高消费者的饮茶意识。同时，充分调研消费者的心理特征，抓住他们的饮茶需求和动机，从而针对不同的消费偏好，扩大茶叶市场的销售空间。

3.3.2　茶叶市场的生产者的情况

根据中国茶叶流通协会2018年发布的数据，2017年全国18个茶叶生产省(区)的茶园面积达到了4 588.7万亩(1亩＝666.7m²)，比上年增加了135万亩。其中面积较大的省(区)是贵州、云南、四川、湖北和福建，面积增加较多的省(区)是湖北、贵州、陕西和江西。全国干毛茶的总产量为260.9万吨，比上年增加16.9万吨，增幅达到了6.1%。产量超过20万吨的省份有福建、云南、贵州、四川和湖北。在茶产业的生产主体中，最典型的是以上下游茶产业链为思路，构造的从茶农的家庭承包经营制为基础的基本生产单元—茶叶专业合作社的集中管理—区域龙头茶企业的品牌运作，即"三位一体"的完整的产业结构。三个主要的角色分别是：个体的茶农、茶叶农民专业合作社和茶叶的龙头企业。对于茶叶龙头企业来说，他们都有自己的茶园，但是由于他们的生产机械化程度高，市场的销量旺盛，因此，他们也会联合茶叶合作社进行茶叶的收购。通过合作社的统一管理、统一施肥、统一采摘达到茶叶质量的标准化和统一性。对于合作社而言，一方面他们和大的茶叶企业合作，为他们提供茶叶的最初原材料，另一方面，他们也有自己的销售渠道和自创品牌，独立地进行市场运作。对于茶农而言，他们通过和合作社签订契约农业，在接受合作社统一技术指导和管理的前提下，实施茶叶鲜叶保底收购，建立以市场为导向的价格联动机制。通过提高合同订单的履约率，提升双方的关系治理水平，包括信任、伦理道德、互惠互利、信息沟通等。

3.3.3　茶叶市场的零售商的情况

在上节中分析茶叶的生产者情况，本节则结合茶叶的营销渠道分析其零售商、批发商的情况。根据前期的市场调研和资料掌握情况，目前国内茶叶营销模式主要有以下几种。

1. 茶叶批发市场

传统的茶叶销售渠道就是各个地方的茶叶批发市场。在中华人民共和国成立以来，我国的农产品流通实现了由计划经济向市场经济的转变，由国家统购统销转变为供销社统一收购和销售。之后，随着茶叶的放开经营和市场经济的不断发展，茶叶批发市场也在投入资金、市场规划、市场规模、市场设施等方面有了较大的发展。有些市场集中于茶叶产区，以销售毛茶为主，主要经营的是当地的茶叶品种，售价和品质都比较一般。还有些市场是依托于茶叶的销售区，市场规模较大，各种茶叶品种均有销售，市场交易没有季节的差别，每年的各个时间都有交易，不受茶季的影响。

2. 茶叶品牌专卖店

茶叶的品牌专卖店一般由茶叶龙头企业开设，有些依托于特定的居民社区，有些选择在市中心的二级路段、次繁华中心、商业中心等。他们的店铺在各个城市实行连锁的管理模式，采取加盟或直营的方式进行招商。每家连锁店都统一标识、统一设计、统一服务和着装，为的是打造品牌的知名度和美誉度。

3. 茶叶网络营销模式

通过淘宝、天猫、京东、当当网等第三方电子商务平台开辟网店，实现销售的推广。顾客通过网络进行选购和在线支付，在顾客下单之后，再通过第三方的物流比如顺丰快递、韵达快递、中通快递、圆通快递等方式配送到消费者的手中。

4. 茶叶进大型超市

通过超市的人流量、交易量来带动相关茶叶的销售。市场推广模式是在超市开辟专门区域用于茶叶的集中展示，常见的是和其他饮品、冲剂摆放在一个货架上进行混合销售，也有些超市会将某个茶叶品牌独立用一个展台进行展示和促销。

3.4　茶叶市场营销的约束条件和存在的问题分析

在本章的前三节，总体介绍了茶叶的产品、茶叶消费者的情况和茶叶市场的营销情况。本节在前面的分析基础上，重点分析茶叶市场的约束条件，以及在约束条件下存在的问题。其中，约束条件包括两方面的分析：宏观环境和微观环境。

3.4.1　宏观市场营销环境分析

通常对宏观环境的评估，企业可采用"机会分析矩阵图"和"威胁分析矩阵图"这两个工具来分析。从政治、经济、技术、文化四个方面进行分析。

1. 政治环境方面

茶叶的销售模式和销售渠道受市场环境的影响。原来在政府部门的采购、送礼、接待的中高档茶叶被禁止采购，对于政府用户的限制使茶叶的销售受到了一定程度的制约，政府用户的市场份额预计会越来越少。在政治约束环境下，茶叶企业原先积累的政府客户、企业客户在高档茶方面的需求和订单急剧减少，这一政策极大地影响了茶叶企业的利润水平。例如，原先主打"政商礼节茶"的福建八马茶叶有限公司，所推出的每斤5 800元的"赛珍珠"系列产品在市场上供不应求。但是在新精神下，该明星产品的销售就受到了很大限制。

2. 经济环境方面

在本章的3.3节提到，茶叶市场的销售可分为外销市场和内销市场两个部分。对外销市场而言，约束条件主要表现在以下几个方面：第一，我国出口的主要是原料茶，产品的附加值和利润空间都不高；第二，由于欧盟、日本的经济下滑，也在一定程度上影响了当地的茶叶进口量；第三，这些年我国的人民币汇率一直坚挺，导致出口的利润越来越薄，出口到国外的产品的价格竞争优势并不明显；第四，在国际贸易方面，国外的绿色壁垒越筑越高，检测标准十分苛刻，也限制了我国的出口。

从国内的市场来看，就2013年经济形势来看，全年 CPI 未突破35% 底线；PMI 处 "荣枯线" 以上；进出口顺差 2 400亿元；新增贷款全年达9万亿元。一系列的数据证明了宏观经济市场的利好，证明了国内消费市场大有潜力可以挖掘。主要的问题表现在我国居民的储蓄率偏高，居民的饮茶习惯、茶叶消费量、茶叶消费意识和国际同等国家还有差距，造成了茶叶市场中国内居民有一定的购买能力，但是消费意识和饮茶习惯还没有受到很好的开发，因此茶叶的市场渗透率和占有率偏低。

从消费趋势上来看，我国的 GDP 继续保持着健康增长的态势，个人可支配收入将进一步地增加，从而提升了消费的层次。消费者在生活水平、收入水平提高的同时可能会考虑更加健康的产品，愿意并且有能力去进行茶叶的消费。随着消费者收入的提高，茶叶消费的水平和档次明显提高，月收入居于社会平均水平以上的消费者会购买名优茶、品牌茶、有机茶等，实现绿色消费的意愿较为明显。在这种背景下，问题在于茶叶企业是否能够调整未来的市场战略，在名优茶、品牌茶、茶文化上加大宣传力度和提升包装水平，通过市场营销获得开展，满足茶叶消费者日益增长的物质和文化方面的需要。

3. 技术方面

根据本章3.3节对于茶叶营销渠道的介绍，茶叶企业一般从品牌专卖店、网络店铺、超市等渠道进行市场营销。随着信息技术的发展，科技对于提高市场营销作用已越来越突出，表现在网络的电子商务营销对实体店铺的专卖店和超市的冲击越来越大，在很大程度上抢占了实体店原有的市场份额。例如，因特网能够克服营销过程中的时空限制，在全世界方位内广泛地开展 B2C、B2B 等业务，通过网络的无限传递性和扩展性来增加市场的容量。新型营销技术的出现使得实体的茶叶门店生存压力与日俱增，问题表现在和网络店铺的竞争中，实体店的顾客不断流失，消费者纷纷转向了方便、快捷、价格便宜的网络店铺。因此，怎么在市场竞争中突出和网络店铺的比较优势，强化突出实体店的现场服务和茶叶消费体验，吸引到一部分固定的顾客群，是摆在茶叶实体门店营销的重要问题。

4. 文化方面

中国的传统的文化偏向于保守，对于自己不熟悉的领域和产品一般不轻易尝试。这一文化特征在茶叶产品的上产生了较大的约束。因为茶叶产品的品质和价格存在着较大的信息不对称性。普通的茶叶消费者并非茶叶专家或专业评茶师，仅仅通过感官的观察和体会有时会产生偏差和误差。因此在实际的购买过程中就会产生重重的顾虑。这种顾虑即是哈佛大学的 BAUER 教授在1960 年提出的感知风险的概念。表现在茶叶的销售过程中，由于消费者对茶叶的认可度较低，导致在购买过程中顾虑重重，在常规茶和优等茶的购买中，大多倾向于常规茶，对于有机茶、名优茶、品牌茶还处于观望状态。在网络店铺的销售过程中，由于缺乏实体店的信任约束，消费者对于网络的产品的真实性、质量都是未知的，因此在购买的过程中会产生更多的顾虑，这种营销模式的问题在企业自己组建的 B2C 网站上尤其明显。因此在此背景的文化下，茶叶企业面临的问题是如何破解消费者心中的层层顾虑，如何通过优质的服务和体验型产品介绍让消费者相信名优茶、品牌茶是货真价实、物有所值的；如何把处于观望的、犹豫的消费者转化为固定的、忠诚行为的消费者。这些都是中国茶叶企业在扩大国内市场面临的重要问题。

3.4.2　微观市场营销环境分析

1. 竞争者方面

茶叶的竞争者表现在和茶饮料、果汁饮品、纯净水等的竞争，茶饮料、纯净水的产品比较丰富，市场定位价格低，通常在 3 元左右，500ml 塑料瓶罐装，营销的卖点在于经济实惠、饮用方便、购买的网点分布广泛等，主要锁定外出、旅游、开会的广大中青年群体。而茶叶的约束条件在于价格高，冲泡的程序烦琐。以安溪的铁观音为例，全部的茶艺表演有16个流程，冲泡十分讲究，约束在于消费的时候耗时、耗力，同时还受到了场地的制约，并不能够做到像茶饮料、果汁饮料那样随时、随地地便捷消费。因此，基于上述的约束条件，茶叶企业的问题是如何在竞争对手面前突出茶叶产品的比较优势，从而争取到忠实的顾客群体，确保自己的市场份额和市场地位。

2. 供应商方面

根据本章3.3节的介绍，茶叶的供应商主要有两个渠道：一个是企业自己的茶园，另一个是与企业签订购销合同的茶叶合作社。目前供应商的约束条件表现在生产茶叶、管理茶园的成本不断增加，具体体现在以下几个方面：现代茶园大多进行了生态改造，涉及老茶园的维护和新茶园的开垦；现代茶园使用的茶苗、水肥、农药等农资的成本有所上涨；茶园禁用了除草剂、剧毒农药后，使用的有机肥、生物农药的成本；茶园雇用的工作人员、养护人员、技术人员的工资有所上涨。由于上述的茶叶生产成本的上升，给下游茶叶企业带来的问题是如何扩大销售，尤其是通过销售中高档茶叶来保证原有的利润空间？如何在茶园的固定改造、投入等费用发生后，通过吸引更多的新顾客，稳定老的顾客，来提高销售收入，从而获得财务上的杠杆收益？这些都是由于上游企业的成本上升而给下游的茶叶企业带来的新的销售问题。

3. 顾客方面

根据本章3.2节的分析，茶叶消费者具有主观性、多群组性，且对于茶叶的涉入程度不同。随着人们的生活水平的不断提高，他们追求更高的茶叶品质和茶叶口感，更加注重养生和健康，因此他们会特别在乎茶叶的质量和安全，在乎是否有茶叶的农药残留、稀土超标等问题。基于上述情况，约束条件在于消费者对茶叶的要求越来越高，但是由于信息的不对称，很多顾客还处于观望期，对相关茶叶的功能和宣传存在一定的怀疑，不确定高品质、高价格的茶叶是物有所值还是营销的噱头。因此存在的问题是，茶叶企业如何通过更多的宣传和体验活动，来参与来提高消费者的认同？从而提高消费者的认知程度？如何通过品牌的建设来吸引更多的消费群体，逐渐培养成茶叶消费的忠实顾客？

4．生产主体方面

对于茶叶企业而言，其面临的营销约束主要体现在以下的三个方面：财务成本约束、营销手段约束和品牌建设约束。具体情况如下。

第一，财务约束。随着物价、房租等价格的上涨，实体店的财务压力变得日益突出。随着实体店的租金和装修成本的不断增加，茶叶连锁门店的运营成本也在不断地增加。由于茶叶店的人员需要两班倒，因此也大大增加了店铺的人力资源成本。实体店的经营压力导致茶叶企业不得不重新规划和选址，在很多一线城市的繁华路段，甚至出现了茶叶店铺关闭的现象。另一个财务负担来自传统广告的投入。无论是纸质媒体的广告还是户外广告，其产生的销售费用都会给企业带来财务上的负担，并且由于在财务处理上，销售费用直接计入当期的损益，会直接影响当期的财务收益情况，会对企业的当期利润造成一定的影响。同时，由于广告的受众较为分散和大众化，在传播的过程中缺乏针对性，造成了质量价值低、效果反馈慢、成本高等问题。因此，茶叶企业必须考虑整合现有的资源，在财务上为自己减负，需要解决的问题是压缩成本，精简开支，并且实现精准的营销，进一步地提高营销的效果和收益，以带来成本效益的最大化。

第二，营销手段的约束。茶叶企业原有的人员营销、口碑营销的问题在于面对的客户群十分有限，只能采用一对一的方式与进入店铺的客人进行交流，而无法传播到更多的潜在客户那边，而且对后期的客户维护、售后服务的开展、顾客的跟踪与回访等都受到了一定的限制。同时，依据传播模型理论，品牌的传播需要一个连续和持久的过程，大致要经历消费者认知阶段、消费者情感投入阶段、消费者购买阶段。其中品牌的形成需要反复地进行信息暴露、消费者接受、消费者认知等过程，才能在消费者的心中形成较高的介入度。因此鉴于口碑营销和人员营销的可重复性与持久性较低，问题在于如何通过更有效的营销手段进行更加广泛、更深层次的传播？如何通过新的营销手段进行主动出击，去扩大企业的品牌影响力和知名度，让更多的消费者接触和了解企业的茶叶产品。

第三，品牌建设的约束。根据企业文化的品牌导入理论，品牌建设需要完整的 MI（Mind Identity）、BI（Behavior Identity）和 VI（Visual Identity）的统一。而在目前的营销模式下，企业品牌建设受到了时空约束条件的限制，导致没有很好的开展。例如，在超市营销模式下，由于超市的管理限制，为了严格按照超市统一管理的规定，企业没有办法开展适合自己特色的 VI 和 BI 的活动，没有突出茶叶的产品特点，消费者的介入程度低，不能调动起消费者的购买欲望。在专卖店的销售模式下，消费者也仅仅接收到了 VI 和 MI，而对于 BI 没有更深层次的认识。另一方面，在企业品牌的宣传和策划上，茶叶企业也面临着设计的雷同性，没有突出区域或品牌的独特性。由于没有产品之间对比的差异，使得消费者没有固定忠诚行为于某一家企业，造成顾客流失的现象严重。因此，茶叶企业需要解决的问题是如何通过完善营销手段和策略，使企业品牌的宣传的 MI、BI 和 VI 达到统一，突出独特性，从而加深消费者的涉入程度，培养固定而忠诚行为的消费者。

3.5 本章小结

在本章的 3.1 节和 3.2 节中，首先概述了我国的茶叶种类和产品特性。着重分析了茶叶消费者不同于其他产品消费者的独特特点，包括了茶叶消费的主观性较强，茶叶消费者的消费涉入程度不同，购茶用途不同，茶叶消费具有圈层性和多群组性。例如，贾新明(2009)提出，对于不同的主体要做差异的分析。要考虑消费者自身的差异，如性别、年龄、教育程度、从事行业、收入水平等。对于产品的分析，要考虑产品的属性、奢侈品与必需品的区别。因此，对于不同的茶叶消费者来说，其购茶的情况比较复杂，需要区分开来分析，由于不同的消费者茶叶消费偏好不同，在后续的分析中，就有必要对不同的消费特征进行调节效应分析，以此来检验消费者在茶叶购买过程中的内部消费心理。

本章的3.3节对茶叶市场的产销情况、生产者、销售者、销售渠道做了基本的分析。在3.4节中重点从宏观和微观两方面分析在茶叶企业中营销所面临的约束条件和问题。突出问题主要表现在：受各种因素的影响，茶叶品牌店的顾客有流失的现象，具有忠诚行为的黏性消费群体不够，导致茶叶企业的销售收入在逐渐减少，在财务成本、广告成本、生产成本、运营成本不断增长的前提下，茶叶企业的利润空间在不断地被压缩。因此，需要培养茶叶消费者的品牌忠诚行为，研究其忠诚行为的形成机理具有重大的理论和现实的意义。本章的研究和分析，为以后章节的研究假设和问卷设计打下了基础。

第4章　理论模型与研究假设

通过上面章节对消费者忠诚行为、满意度、转换成本、品牌形象和服务质量这几个变量的文献回顾和评述，本章将以第2章的文献回顾为基础，搭建本书的茶叶消费者忠诚行为形成机理的逻辑模型和理论模型，从而为后续章节的研究打下基础。

4.1　理论模型

4.1.1　逻辑模型的提出

第一，逻辑模型。在服务业的忠诚行为形成过程中，消费者接触到企业大量的营销信息、产品信息和相关服务，从而形成了服务型企业营销的三大因素：转换成本、品牌形象和服务质量。这些因素都会影响到消费者的满意度，从而影响到消费者后续的心理和实际的购买过程。具体的逻辑顺序如图4-1所示。

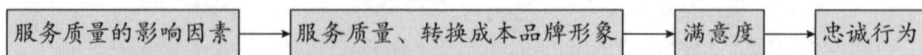

图4-1　研究逻辑模型图

第二，服务质量的影响因素是指企业与消费者接触时的直接因素。茶叶企业的服务质量是指消费者从进入茶叶店的开始到其离开的全过程中，所发生的服务体验中的各种因素的总和。由于茶叶营销必须全程地包含茶叶的文化，因此，茶叶的服务营销内容也是比较礼仪化、高尚、细致和优雅。必须让消费者在服务营销和体验营销中感受到茶文化的意念和遐想，这是茶叶企业的服务质量的重点和难点。

第三，转换成本、品牌形象和服务质量是驱动消费者忠诚行为的核心因素。在茶叶企业的服务营销中，转换成本、品牌形象和服务质量构成了主要的消费者忠诚行为形成的三大因素。其中，服务质量是消费者所感受到的第一印象，是消费者在与企业接触的时候的第一判断。品牌形象是前期的广告宣传和后期的消费体验后所形成的印象，其在茶叶行业中信息不对称的消费情况下显得尤为重要。而转换成本更能反映消费者的黏性，很多前人的研究表明，消费者表现出极大的忠诚行为，不一定是由于对企业或品牌的喜爱，可能是由于企业或品牌设置了巨大的退出障碍或者消费者自己主动退出的时候的再次选择成本过高，这些因素都导致了转换成本直接影响到忠诚行为。

第四，满意度构成了消费者忠诚行为形成的中介变量。消费者在茶叶企业的转换成本、品牌形象和服务质量等因素后，会形成对企业的看法和印象。很多的前人文献证明，在消费者忠诚行为的形成中还有一个消费者心理变量的关卡，即消费者的满意度。只有形成了比较高程度的消费者的满意度，才会引出消费者的忠诚行为。心理学的研究同样表明，忠诚行为是满意的一个更加深入、高层次的阶段，消费者的满意是形成消费者的忠诚行为必要条件。

第五，茶叶消费者的特征构成了忠诚行为形成的调节变量。在茶叶消费者忠诚行为的形成中，消费者的特征形成重要的切入点。有别于其他产品的消费者，茶叶消费者由于产品的特性、茶叶市场的特性表现出了极大的特殊性，其中包括：消费者的不同性别、年龄、可支配收入、受教育程度，尤其是消费者的饮茶年限、购茶用途、是否接受茶叶的微营销和是否接受茶叶店的 O2O 营销等。这些特点会在忠诚行为的形成中形成重要的调节作用，具体的情况见图4-2。因此，茶叶企业需要研究不同的消费者特征、不同的市场定位，这样才能制定有针对性的营销策略，提升消费者的忠诚行为和满意度。

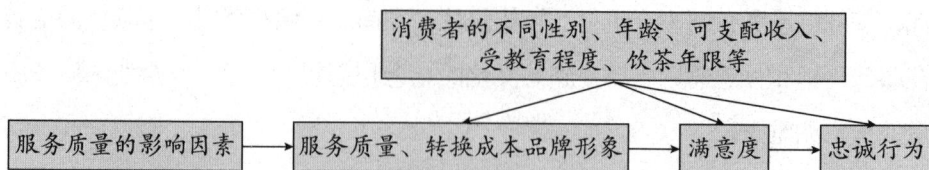

图 4-2　消费者特征的调节图

4.1.2　理论模型的提出

1. 现有研究模型的评述

第一，Lam S Y 等（2004）的消费者忠诚行为的概念模型（如图 4-3 所示）。

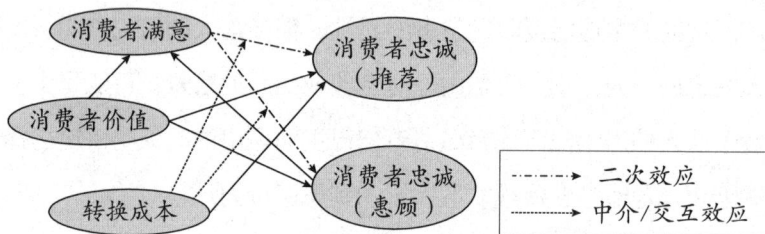

图 4-3　Lam S Y 等（2004）消费者忠诚概念模型图

在之前的研究中，关于忠诚形成的因素：转换成本、满意度等主要集中在 B2C 的商业环境中，而 Lam S Y 等（2004）把这些影响忠诚行为的因素扩展到了 B2B 的服务业中，他们的理论基础模型是认知、影响和行为模型，并根据该模型推演出了不同的潜变量对于忠诚行为的影响机理。该模型认为，消费者满意度、转换成本和消费者价值都会直接影响到忠诚的两个方面：推荐和惠顾，即态度忠诚和行为忠诚。消费者满意度在消费者价值和忠诚之间起到了中介的作用。转换成本在满意度和忠诚之间起到了交互作用。

第二，Bei L T 等（2001）的消费者忠诚行为的概念模型（如图 4-4 所示）。Bei L T 等（2001）调查了服务业的不同种类，其中包括了汽车修理厂、加油站、银行等三个不同的业态。构建了消费者感知、消费者满意和消费者忠诚的分析模型。其中消费者感知的三个层面包括消费者对产品质量的感知、对服务质量的感知和对价格公平的感知等等。对服务质量的感知以 Parasuraman 等（1988）

开发的量表为基础展开调研问卷，满意度作为中介变量在消费者的感知和消费者忠诚起到作用。他们针对上述三种不同的服务也分别开展了分析，发现三种不同的服务业态的无形服务特性是不同的，因此消费者感知的三个层面对忠诚的影响的直接的和间接的效果也不同。

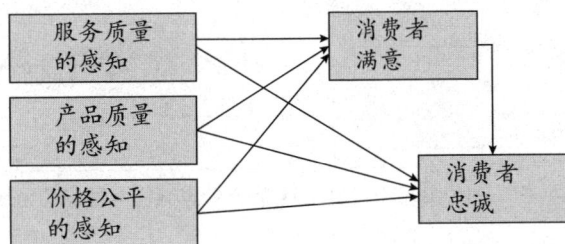

图 4-4　Bei L. T.、Chiao Y. C.（2001）消费者忠诚概念模型图

第三，林春桃(2013)研究消费者忠诚的概念模型(如图4-5所示)。林春桃(2013)在研究消费者忠诚的驱动因素中，构建了图4-5的概念模型。她以刺激、机体和反应为理论基础，认为消费者在接受营销的过程中，经过了三个维度的感知：服务、品牌和关系。在这些因素的影响下，会形成消费者自己的心理感受，如会形成满意或抱怨等等。最后，这些因素会影响到消费者的下一次购买行为和态度，即形成了该研究的目标变量：行为忠诚和态度忠诚行为。在这个过程中，她还加入了转换成本的因素，因为商家可能在消费的过程中加入了某种限制和退出障碍，而导致消费者在心理上和行为上不再依恋原来的商家或品牌，但是由于较高的退出成本的存在，而表现出一种被动的忠诚关系。

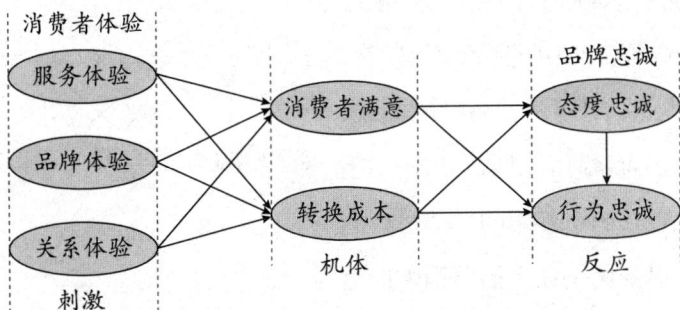

图 4-5　林春桃（2013）消费者忠诚概念模型

第四，Cristina C P（2015）的消费者忠诚行为的概念模型（如图4-6所示）。

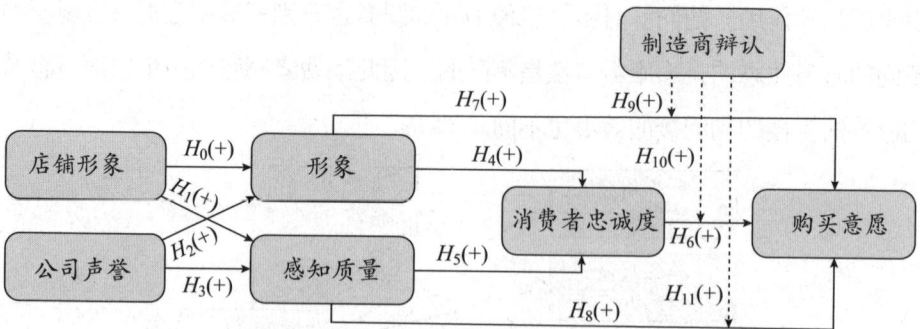

图4-6 Cristina C P（2015）消费者忠诚行为概念模型图

Cristina C P（2015）针对零售企业中的消费者忠诚行为展开了研究。在模型的构建中，考虑了产品、零售商、消费者的个人因素和制造商的辨认和包装、消费者的忠诚行为和购买意愿等。其引入了品牌形象的潜变量，因为积极、正面的品牌形象会影响到消费者的感知，因此假设品牌形象对商品的标签和商品的质量都有直接的影响。与其类似地位的变量还有公司的声誉、名声。在研究的目标变量忠诚行为和购买倾向方面，商品的标签和商品的感知质量均会对其有显著的影响。同时，他还将制造商的辨识情况作为调节变量进行检验，试图证明制造商的辨识这一因素在商品的标签和商品的感知质量和忠诚行为、购买意图之间的调节效应。

第五，Biedenbach G 等（2015）消费者忠诚的概念模型（如图4-7所示）。Biedenbach G 等（2015）研究品牌的权益，将其分成了品牌的意识、品牌的关联、感知的质量和忠诚。并且认为这三个因素是依次递进起影响作用的。消费者的满意度这一潜变量是在市场营销中最重要的研究话题之一，在该研究中，他们

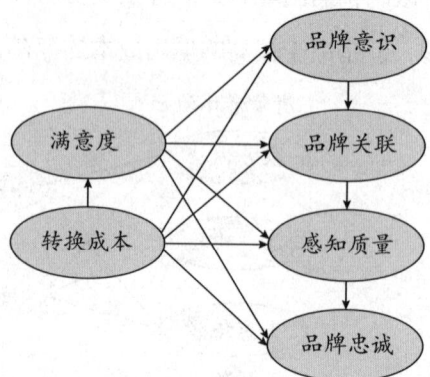

图4-7 Biedenbach G 等（2015）消费者忠诚行为概念模型图

认为消费者的满意度对品牌权益的四个维度(品牌意识、品牌关联、感知质量和品牌忠诚均)有正向的显著影响。同时，转换成本意味着企业有更多的机会去保持现有的状态，在下一次的销售行为中还可以进行重复的行销活动。因此，他们还假设转换成本对于品牌权益的四个维度和消费者的满意度均有正向的显著影响。

2．本书理论模型的提出

基于本书第 2 章的文献回顾与评述，特别结合了关于零售业和服务业消费者忠诚形成的机理模型，本书提出茶叶连锁门店的消费者忠诚行为形成的机理模型由四大潜变量相互作用，这四大潜变量为服务质量、品牌形象、转换成本和满意度（如图 4-8 所示）。其中服务质量是一个二阶构面，根据前面章节分析的文献，仍然结合 Parasuraman 等（1985、1988、1994）开发的量表进行相关的测度。其由有形性（tangible）、可靠性（reliable）、响应性（response）、保证性（indemni）、移情性（empathy）构成。具体的研究模型如图 4-8 所示，服务质量、品牌形象、转换成本和满意度均对忠诚行为有影响。

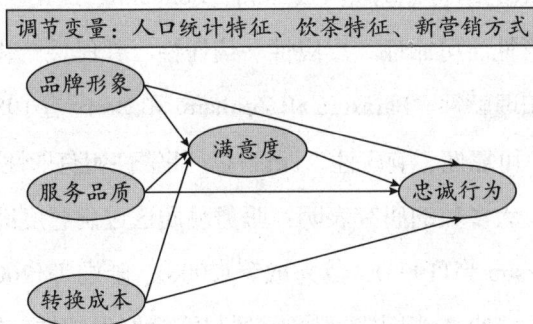

图 4-8　消费者忠诚行为概念模型

范秀成（2006）、Gremler（2001）、顾春梅（2006）、周学军等（2014）提出了消费者的满意和消费者对某一品牌的态度忠诚息息相关的观点，因为满意是一种心里的感觉，通过满意才能达成对某个品牌或商家的固定的联系，这种联系的密切性会促成态度忠诚。综合上述分析，本书认为态度忠诚和满意度都是消费者的心理变化过程，其关系密切且变量设置的重合度高。因此，本书用满意度来代表态度忠诚，而最终的目的变量忠诚则特指忠诚行为（下同，不再重复说明）。

最后，由于不同的消费者的特征不一样，在忠诚行为的形成过程中所处的情况和状态也不同，以消费者的特征对忠诚行为的形成建立调节效应。

4.2 研究假设

4.2.1 服务质量对满意度的影响

首先在学术界将质量的概念引入服务领域的是 Regan，其在1963年提出了服务质量的概念，他认为服务不同于普通流通的商品，具有无形性、异质性、不可分割性和易逝性四个特征。目前学术界具有影响力的是芬兰学者 Gronroos 在1982年根据心理学的理论，首次提出的消费者感知服务质量这一概念。他认为服务质量是一个主观的感知，取决于消费者对质量的预期和实际的感知水平。关于服务质量的结构划分是 Parasura、Zeithaml、Berry 在1985年所提出的理论，包括有形性、可靠性、反应性、信任性、胜任性、礼貌性、安全性、接近性、沟通性和理解性。Parasura 和 Zeithaml 和 Berry 在1988年又进一步地简化为五个要素：可靠性、响应性、保证性、移情性和有形性。在服务品质和忠诚的关系方面，大多数的研究表明：服务品质通过满意度间接地影响忠诚。国内外学者 Anderson 等(1993)、范秀成等(2006)、陆娟等(2006)、Ji Wan Kim (2015)、Miran Kim (2015)提出了服务品质是满意度形成的前置变量，而满意度是持续购买的主要直接影响因素。因此服务质量对于忠诚形成是比较基础的因素，是通过影响到消费者的自我感知价值评估和满意度而间接发生的。因此，综合上述的文献，本书以五个维度来测量服务质量，并提出如下假设。

H1a：在品牌茶叶的消费过程中，服务品质对满意度具有显著正向影响。

H1b：在品牌茶叶的消费过程中，服务品质对忠诚行为具有显著正向影响。

4.2.2　品牌形象对忠诚行为的影响

关于品牌形象的定义，比较早的是由美国学者大卫·奥格威(1948)提出的，他从同质化的角度出发，认为许多进行同质生产或制造的企业，其产品或服务对于消费者而言是很难区分的。因此品牌形象提供了消费者一个可以联想的概念来提升其对于企业的认知程度。从消费者心理学、行为学派的角度，Biel (1993)和 Keller (1998)认为品牌形象可以定义为品牌的联想和感知的质量两个部分。品牌形象指的是在人们心中存在的对于企业的印象，即当人们听到企业的名称或看到企业的商标时，头脑中浮现出来的对于该企业品牌、企业文化、企业精神、企业价值观的联想。学者 Pohlman 等(1973)、Hendon 等(1985)、Dohni 等(1990)从个性化的角度来解释品牌形象。认为品牌形象是有鲜明的个性的，他们通过形象代言人、广告、标语、宣传、社会公关和营销渠道等方面来打造鲜明的个性，让消费者印象深刻。通过品牌的个性来和目标客户的自身个性相结合，从而引起顾客的内心共鸣，从而产生购买的意愿。

关于品牌形象影响忠诚方面：由于本书所研究的对象是茶叶品牌的形象，因此，前期的文献主要收集了零售店铺、百货商店和超市的品牌形象与忠诚方面的文献。Lau G T 等(1999)认为好的品牌形象能够构建优秀的品牌定位并且提升企业在市场中的表现。具体而言，当品牌形象和消费者的期望匹配的时候，满足了消费者的心理预期和对相关产品的需要时，品牌形象就能提升消费者的品牌表现。Meyer-Waarden L (2015)调查了两种零售的业态：杂货店和佐料店，发现在消费者高度参与的情况下，零售商店的店面形象、货品的陈列摆设和无形的资产都能增显著地增强顾客的购买倾向。陆娟等(2004)、蒋廉雄等(2006)、刘春峰(2012)、Cristina C P (2015)进行实证分析，得出了企业品牌形象的塑造对客户的忠诚有明显的正相关的影响作用，不同的品牌形象对顾客忠诚的影响也不相同。因此，企业应该按照现有的资源来合理地打造品牌形象。因此，本书认为茶叶品牌的形象会影响消费者的忠诚行为，并提出如下假设。

H2a：在品牌茶叶的消费过程中，品牌形象对满意度具有显著正向影响。

H2b：在品牌茶叶的消费过程中，品牌形象对忠诚行为具有显著正向影响。

4.2.3　转换成本对忠诚行为的影响

关于转换成本的定义，首先提出这一概念的学者是 Porter，他在1980年《竞争战略》一书中提到，其是消费者在选择一项产品或服务的情况下，从一个商家或品牌转向另一个商家时所付出的交易成本。Klemperer（1987）认为转换成本可以视为顾客对于当前的服务的一种退出障碍，这是由于社会的纽带关系、个人亲情关系、消费习惯在企业和顾客中存续了一段时间，在消费者心中产生了心理和情感的成本。学术界公认的是 Burnham（2003）对其的分类。该学者在综合考虑消费者所付出的时间、精力、金钱和关系损失后提出了将转换成本分为三类：程序型转换成本、财务型转换成本和关系型转换成本。

关于转换成本和忠诚的关系方面，学者普遍认为，转换成本对忠诚有直接影响。林宜铮（2001）、Lee 等（2001）、Burnham（2003）、崔萌（2014）、杨韫（2014）、Lin T C，（2015）认为消费者面对企业的一些转换成本时，会变成其选择另外一家供应商的阻碍。在其他条件不变的情况下，相对于转换成本低的顾客，转换成本高的顾客往往表现出更高的忠诚。消费者的使用习惯、消费习惯会影响到其满意度，因为当消费者熟悉了某种产品的使用属性和操作界面后，就会产生消费的习惯思维，从而无形中形成了很高的产品转换成本。当消费者放弃现有的产品，而转换到其他产品的时候，就会感到不习惯和不适应。这类因素形成了很高的转换成本，从而会影响到消费者的忠诚。因此，本书认为转换成本是消费者转移供货商时所付出的成本，其存在可以影响到忠诚行为。转换成本会直接影响忠诚行为，本书建立如下假设。

H3a：在品牌茶叶的消费过程中，转换成本对满意度具有显著正向影响。

H3b：在品牌茶叶的消费过程中，转换成本对忠诚行为具有显著正向影响。

4.2.4 满意度对忠诚行为的影响

美国学者 Cardozo（1965）首先提出了顾客满意度这个概念，由 Oliver、Olson、Dove 等学者提出了"期望不确认模型"，用顾客心理的预期值大小来衡量其满意度的大小。对于二者之间的关系，Oliver（1999）、Taylor 等（2000）、陆娟（2004）、张欣瑞等（2010）、Janghyeon N 等（2011）提出顾客的重复购买行为是建立在顾客满意的基础上的，两者之间是正相关的关系，即意味着顾客的满意度越高，其忠诚行为也会越高，在具体的测量时常常将满意度作为忠诚行为的前置中介变量。前期学者普遍发现当顾客的满意度增加时，顾客对于购买意愿的正向影响也会增加，并且该因素会透过满意度的中介作用影响忠诚行为。因此，综合以上文献的观点，本研究假设满意度会影响忠诚行为，并且在忠诚行为的形成过程中起到中介变量的作用。并建立如下假设：

H4a：在品牌茶叶的消费过程中，满意度对忠诚行为具有显著正向影响。

H4b：在品牌茶叶的消费过程中，满意度在品牌形象和忠诚行为间具有中介效应。

H4c：在品牌茶叶的消费过程中，满意度在服务质量和忠诚行为间具有中介效应。

H4d：在品牌茶叶的消费过程中，满意度在转换成本和忠诚行为间具有中介效应。

4.2.5 茶叶消费者特征对忠诚行为形成的调节效应影响

第一，在构建茶叶消费者特征的调节效应方面。根据本书第 2 章 2.1 节所提到的经典的消费者行为模型，菲利普·科特勒认为，消费者的购买过程是受到了内外部一系列条件约束的情况下产生的，这些因素又会影响到下一次的购买决策，从而形成一个完整的循环。起点是营销和环境的刺激进入了消费者的意识。接着，消费者的特征决定了决策过程和购买决策。内部的消费者心理因素由于不易被外界所察觉，它们包括了消费者的各种个人特征，如性别、年龄、收入、受教育程度等等因素，这些个人的因素都会在外界因素的刺激下，产生不同的心理活动，最终形成不同的消费者反应，例如，对产品的反应、对品牌的选择、对经销商的选择、对购买时机的选择和对购买数量的选择等方面。同时还有消费者的心理变化过程，包括消费动机，对企业或产品的感知，学习的经历和能够回忆的起的与产品相关的想法、感觉、感知、印象、体验等。因此，本书在研究茶叶消费的过程中，就必须把消费者的个人特征纳入考量因素之中。通过设置消费者特征的调节效应检验来证明不同茶叶消费者特征在忠诚行为形成过程中的角色和作用。

第二，在茶叶消费者特征的指标的选择方面。根据本书第3章3.2节介绍的茶叶消费者的特征分析，由于茶叶产品消费的特殊性而表现出不同于其他商品的独特性，具体可分为以下几个方面：茶叶消费者具有主观性，茶叶消费者的涉入程度不同，茶叶消费者的购买用途不同，茶叶消费者具有圈层性和茶叶消费者具有多群组性。因此，在指标的设计上，需要在茶叶消费者忠诚行为的形成过程中，将消费者的不同性别、年龄、可支配收入、受教育程度等变量纳入模型中考虑，尤其是结合茶叶消费的特点，加入了消费者的饮茶年限、购茶用途、是否接受茶叶的微营销和是否接受茶叶店的 O2O 营销等特色变量指标。

第三，在茶叶消费者特征调节的路径方面。在本模型中涉及的路径关系比较复杂，从理论上看，茶叶消费者的特征可能会在每条路径上起到不同的作用。但是鉴于研究的经费限制、本书研究的重点和本书的特色，本书只选取了茶叶消费者特征对于服务品质到忠诚行为之间的路径的调节效应检验。因为本书的研究目的和重点在于茶叶品牌的连锁门店消费者忠诚行为的形成，其特点区别于普通的商品流通企业、旅游业和餐饮业等等。其特别强调在顾客的接待过程中茶的文化的体验、茶的意境的传达和茶的含义的遐想。与其他企业的品牌形象和转换成本相比，其独特点就在于茶叶产品的服务营销和体验营销。因此本书着重研究茶叶消费者特征对服务品质到忠诚行为之间的路径的调节效应检验，并建立如下假设。

H5a：茶叶消费者的性别在服务品质与忠诚行为之间具有显著正向调节效应。

H5b：茶叶消费者的年龄在服务品质与忠诚行为之间具有显著负向调节效应。

H5c：茶叶消费者的收入在服务品质与忠诚行为之间具有显著正向调节效应。

H5d：茶叶消费者受教育程度在服务与忠诚行为之间具有显著正向调节效应。

H5e：茶叶消费者的购茶用途在服务与忠诚行为之间具有显著正向调节效应。

H5f：茶叶消费者的饮茶年限在服务与忠诚行为之间具有显著负向调节效应。

H5g：茶叶消费者微营销接受在服务与忠诚行为之间具有显著正向调节效应。

H5h：茶叶消费者 O2O 接受在服务与忠诚行为之间具有显著正向调节效应。

4.3　本章小结

本章通过前面章节对于消费者忠诚行为、满意度、转换成本、品牌形象和服务质量的文献回顾和评述，搭建了本书的茶叶消费者忠诚行为形成机理的逻辑模型和理论模型，从而为后续章节的研究打下基础。在本章的理论模型的构建中，尤其结合了国内外零售行业消费者忠诚行为的研究现状，提出茶叶连锁门店的消费者忠诚行为形成机理模型，其有四大潜变量相互作用：服务质量、品牌形象、转换成本和满意度。随后根据模型提出了研究假设，分为三类：在忠诚行为中的路径系数显著性假设，在忠诚行为形成机理中的中介效应假设和在忠诚行为形成机理中的茶叶消费者特征的调节效应假设。具体如下。

第一，忠诚行为中的路径系数显著性检验。

H1a：在品牌茶叶的消费过程中，服务品质对满意度具有显著正向影响。

H1b：在品牌茶叶的消费过程中，服务品质对忠诚行为具有显著正向影响。

H2a：在品牌茶叶的消费过程中，品牌形象对满意度具有显著正向影响。

H2b：在品牌茶叶的消费过程中，品牌形象对忠诚行为具有显著正向影响。

H3a：在品牌茶叶的消费过程中，转换成本对满意度具有显著正向影响。

H3b：在品牌茶叶的消费过程中，转换成本对忠诚行为具有显著正向影响。

H4a：在品牌茶叶的消费过程中，满意度对忠诚行为具有显著正向影响。

第二，在忠诚行为形成机理中的中介效应检验。

H4b：在品牌茶叶的消费过程中，满意度在品牌形象和忠诚行为间具有中介效应。

H4c：在品牌茶叶的消费过程中，满意度在服务质量和忠诚行为间具有中介效应。

H4d：在品牌茶叶的消费过程中，满意度在转换成本和忠诚行为间具有中介效应。

第三，在忠诚行为形成机理中的茶叶消费者特征的调节效应检验。

H5a：茶叶消费者的性别在服务品质与忠诚行为之间具有显著正向调节效应。

H5b：茶叶消费者的年龄在服务品质与忠诚行为之间具有显著负向调节效应。

H5c：茶叶消费者的收入在服务品质与忠诚行为之间具有显著正向调节效应。

H5d：茶叶消费者受教育程度在服务与忠诚行为之间具有显著正向调节效应。

H5e：茶叶消费者的购茶用途在服务与忠诚行为之间具有显著正向调节效应。

H5f：茶叶消费者的饮茶年限在服务与忠诚行为之间具有显著负向调节效应。

H5g：茶叶消费者微营销接受在服务与忠诚行为之间具有显著正向调节效应。

H5h：茶叶消费者 O2O 接受在服务与忠诚行为之间具有显著正向调节效应。

第5章 测量指标的产生与预调查

在本书的前面章节进行了茶叶消费者忠诚行为的理论模型和研究假设的构建。在模型的设计中，由于消费的忠诚行为、满意度等都是潜变量，不能直接观测，需要设置相应的题目进行测量。因此，本章结合第2章文献综述的结果和评述，结合第3章分析的茶叶产品的特性、茶叶消费者特性和茶叶市场营销的特性，初步设计了在模型中潜变量的测量题项。

由于本部分的研究数据主要来自市场调查的问卷，因此，问卷设计的合理性、调研方法的科学性将直接影响到本书的研究过程和结论。本章的数据调查过程包括了专家意见咨询、调研团队市场调查、预调查、预调查数据分析等过程，最终将确定的正式问卷作为本书的获取数据的依据。在本章的问卷开发过程中，包括两个部分：质性部分和量化部分。质性部分包括咨询专家的意见，通过专家的独立打分，为量表的开发提供科学的修正意见；量化的部分通过预调查的数据，进行初步测量题项的检测，最终经过因子载荷分析、信效度分析和验证性因子分析的配适度指标等，剔除了不合格的测量题项，完成了调查问卷的修订，形成了正式调查的问卷，从而为后续的研究奠定了基础。

5.1　问卷设计

本章进行的问卷设计将结合前面章节的分析结果，通过第2章对各个潜变量的评述和第3章对于茶叶产品的特性、茶叶消费者特性和茶叶市场营销的特性展开研究，具体根据第4章对忠诚行为理论模型的构建需要，设计模型中每个潜变量的观测指标，通过质性和量化的考查，来剔除不合理的指标，从而形成正式的问卷，为正式的市场调查奠定基础。

5.1.1　问卷的基本内容

问卷的基本结构应该包括说明信、指导语、标题、问题与选项、编码、结束语等几个部分。需要在问题设计的时候注意：应该在语言上通俗易懂，避免使用含糊不清的词语；问题设计应该言简意赅，不应该存在二合一的问题；避免做出假设；避免对被调查者的记忆力要求过高等。问题可以设置开放式问题、封闭式问题和混合式问题，在小样本的预调查后才能进行正式的调查。本书设计的问卷应该紧扣"品牌茶叶消费者忠诚行为"主要研究目的，每部分的题目设计都围绕着该研究目标，这样才能充分体现问卷设计的科学性和合理性。调查问卷中具体包含了以下几个方面的内容：

第一，茶叶消费者的基本特征；

第二，品牌茶叶形象的影响因素；

第三，茶叶企业服务质量的影响因素；

第四，茶叶企业转换成本的影响因素；

第五，茶叶消费者满意度的影响因素；

第六，茶叶消费者忠诚行为的影响因素；

5.1.2　问卷的设计过程

本书的问卷设计过程包括了文献的述评、理论分析、专家访谈、预调研、正式调查问卷的形成等环节，具体情况如下。

第一，在文献述评的环节，通过第2章的文献回顾和理论分析，形成问卷的主体框架，对消费者的满意度、忠诚行为，企业的品牌形象、转换成本和服务质量方面充分借鉴了前人的研究框架和问卷设计。同时结合第3章茶叶消费者的特点和营销的特性，对忠诚行为的研究框架体系进行细化，结合茶叶的特性进行问卷设计的发展。

第二，通过专家访谈，开展质性研究。本次访谈的对象由两个部分组成，一个是在高校中从事茶学、茶叶经济、市场营销的教授、博士等学者。他们在工作中经常关注茶叶相关的文献，具有较高的理论素养和专业知识，可以为问卷的设计提供有价值的参考意见。第二部分是在企业中从事茶叶销售、市场开拓的人员，包括品牌茶叶门店的店长、副店长和大客户经理，也包括知名茶叶企业的总经理和经理等高层管理人员。他们长期从事茶叶的营销工作，具有大量的实战经验，对茶叶消费者的特征、消费习惯比较了解，能够指出问卷的不足，从而为问卷的修正提供合理的建议。具体的方式是通过深层访谈法展开，围绕着茶叶消费者的忠诚行为主题，让被调查者针对问卷发表自己的意见，通过一对一的形式展开，针对问卷中所出现的选项、题目设计、表达方式、题项的重要性程度征求意见，从而得到专家对于问卷的修改意见。

第三，通过预调查，进行问卷的修正。通过分析专家访谈结果，结合专家的意见进行修正，得到预调查的量表。通过收集数据，进行初步测量题项的检测，最终经过因子载荷分析、信效度分析和验证性因子分析的配适度指标等，剔除不合格的测量题项，完成调查问卷的修订，形成正式的调查问卷。

第四，大样本调查。本书的正式调查通过两个部分展开。一部分是在实地的实体店进行市场调查，通过调查员和茶叶消费者进行面对面的访谈后，填写问卷取得数据。另一部分是通过网络调查，通过在线的方式填写问卷，以完成数据的收集工作。

5.2　问卷设计与专家调研

5.2.1　问卷设计

基于前面章节的理论分析和文献回顾等基础，本书设计了品牌茶叶消费者忠诚行为的专家调研问卷。为了检验该问卷的科学性和合理性，本书走访调研了茶叶领域的相关专家和学者，包括企业有丰富的销售经验的专家人员和从事理论研究的学者。问卷中包括了品牌形象、转换成本、忠诚行为、服务品质和满意度五个部分，一共包含46个题项。邀请专家对问卷中重要的题项打分，并对于原始问卷中的维度、语言表达、设计合理性提出相应的意见和改进措施。具体的原始问卷产生过程如下。

1.　品牌形象

在第2章第2.2节中，已经讲述了关于品牌形象的定义和划分维度方面的知识。他们普遍认为品牌形象是消费者在进行选择的时候，会记住的企业的一个有强大影响力的概念。这个概念是过去和企业的接触过程中形成的经验，可能表现为企业的社会责任、市场地位、区域竞争力、品牌个性和使用者特征等。对于品牌形象的组成结构方面，Park（1986）提出了品牌形象的两个维度的划分，一个是关于功能性的维度，另一个是关于象征性的维度。Hay等（1974）从其产生的背景和根源出发，总结出了一个品牌形象构成的多重维度模型。Keller（1998）提出的四个维度的划分。他将品牌形象划分为品牌联想的类型、品牌联想的美誉度、品牌联想的强度和品牌联想的独特性。最知名的是Biel（1993）对品牌形象划分的三个类别：公司形象（corporate image）、产品形象（product image）和使用者形象（user image）。包括了企业精神、企业价值观的外在体现、产品的功能、结构、形态和使用者的身份和地位等信息。

根据上述关于品牌形象的文献，对于本书所研究的特定对象品牌茶叶店而言，主要测量其"品牌形象"的部分，而茶叶产品形象则放在后续的"服务质量"量表中测量。其中，如表5-1所示，品牌形象应该包括茶叶企业的品牌知名度，在茶叶市场中的地位和在消费者心中的地位等方面。

表 5-1　品牌形象问卷原始题项

构面	指标	题目内容
品牌形象	BI1	该品牌茶叶所在产地的茶文化氛围好
	BI2	该品牌茶叶所表达的含义和我的期望一致
	BI3	该品牌茶叶占有较强的市场领导地位和竞争力
	BI4	我清楚地知道该品牌茶叶的消费者类型
	BI5	该品牌茶叶热心参与或赞助社会公益活动
	BI6	我身为该品牌茶叶的顾客感到有面子

资料来源：本研究整理

2. 满意度

在第2章第2.2节中，已经讲述了关于满意度的定义和划分维度方面的知识。顾客满意度的概念（Customer Satisfaction Degree，简称CSD）首先由美国学者Cardozo（1965）提出，之后在20世纪的80年代由Oliver等学者提出了"期望不确认模型"（Expectation Disconfirmation），这些学者提出顾客满意度的衡量应该考虑顾客心理的预期值的大小。根据学术界公认的、经典的满意度的表现（Oliver于1999年提出的），是顾客的需要得到满足后的一种心理反应，顾客自己认为特定的产品或服务能够满足自己的需要的程度。之后的William Boulding等（1999）、Michael Tsiros等（2006）、周伟忠（2011）认为满意度是指顾客对某种产品和服务的感受程度和水平，其满意与否取决于消费者之前的心里判断和期望值的大小。

根据上述关于满意度的文献，而对于本书所研究的特定对象连锁茶叶店而言，主要是测量顾客在进入茶叶店之前的需要和他们的心理预期，通过比较他们进入茶叶店的经历，得出他们是否满意的指标。根据前期的走访调查和文献掌握，消费者进入茶叶店的需要一般围绕着是否能找到喜欢的茶叶、合适的价格、周到的服务等方面。具体的指标设置如表5-2所示。

表5-2　顾客满意度问卷原始题项

构面	指标	题目内容
满意度	CS1	在该茶叶店中，我总能找到适合的商品
	CS2	对于该茶叶店所提供的茶叶价格，我感到满意
	CS3	我向该茶叶店所提出问题需要解决时，能迅速得到处理
	CS4	我觉得该茶叶店所提供的设施设备，如品茶区、包厢、茶艺表演区很完善
	CS5	该茶叶店常举办周年庆典、节日优惠等活动
	CS6	该茶叶店所提供多样化的付款方式，如信用卡、货到付款、微信支付、先消费后付款等，让我觉得很方便
	CS7	与服务人员交谈时，我喜欢与他们交流
	CS8	该品牌茶叶企业提供的产品比预期的要好

资料来源：本研究整理

3. 转换成本

在第2章第2.2节中，已经讲述了关于转换成本的定义和划分维度方面的知识。

关于转换成本（Switching Cost），首先提出这一概念的学者是Porter(1980)，他在《竞争战略》一书中提到，其是消费者在选择一项产品或服务的情况下，从一个商家或品牌转向另一个商家或品牌时所付出的交易成本，或者是在转换过程中由于要付出机会成本时要付出的代价。从利益损失角度，Porter（1980）、Heide等(1995)认为转换成本是一种消费者需要额外付出的机会成本，它包括重新进行的信息搜集、评估、交易、学习、适应的过程，以及在这个过程中消费者所付出的时间、金钱、精力等成本。

根据上述关于转换成本的文献，而对于本书所研究的特定对象连锁茶叶店而言，主要是测量顾客在切换原有的茶叶店之后，重新选择茶叶店时所额外付出的成本。包括新的茶叶的品质、新的茶叶的销售政策、新的茶叶的优惠和重新收集和评估茶叶所付出的时间和精力。因此，围绕着消费者重新选择新的商家所付出的时间、精力、金钱和关系损失等方面，设置的指标具体如表5-3所示。

表 5-3 转换成本问卷原始题项

构面	指标	题目内容
转换成本	SC1	如果换到其他茶叶店消费，我会需要花费很多时间重新与销售人员建立关系
	SC2	如果换到其他茶叶店消费，我会需要花费很多时间重新适应新茶店所提供的茶叶口感与品质
	SC3	如果换到其他茶叶店消费，我的亲朋好友并不认同
	SC4	如果换到其他茶叶店消费，其茶叶产品的质量会更差
	SC5	我已习惯原来这家茶叶店员工的服务方式，所以不想到别家购买
	SC6	如果换到其他商家消费，我还要在路途上花费更多的时间和精力

资料来源：本研究整理

4．忠诚行为

在第2章第2.2节中，已经讲述了关于忠诚行为的定义和划分维度方面的知识。

在忠诚行为的定义领域，最早提出这一概念的学者是 Copeland（1923），他认为，忠诚行为是通过购买频率、购买习惯和可能性等方面来体现出来的消费者反复购买的行为。在学术界公认的最经典的定义来自 Oliver（1999）的解释，其认为忠诚行为是消费者在未来的时间内一种深植于内心的承诺，这种承诺会让消费者再次购买或惠顾一种产品或服务，因此引起的对同样产品或同样品牌的重复购买行为。在忠诚的分类上面，Griffin 等（1995）、Gremler D D（1995）、Zheng X 等（2015）认为，忠诚度应该包括态度忠诚和行为忠诚两种类型，态度忠诚指的是消费者有意向购买相关的产品或者愿意推荐给其他消费者的倾向，表现为消费者对于该产品在心理上的一种密切的联系。其是顾客对企业的一种相对长期的承诺，表现为始终坚持选择、价格容忍、极力推荐等方面；而行为忠诚更多地表现为消费者在未来的一段时间内，如果产生了相应的产品需求，会继续选择该品牌的产品或服务的行为特征。该特征会引起顾客做出实际的购买行为，直到形成重复性购买的习惯。

在态度忠诚方面，消费者的满意和消费者对某一品牌的态度忠诚行为息息相关，因为满意是一种心里的感觉，通过满意才能达成对某个品牌或商家的固定的联系，这种联系的密切性会促成态度忠诚。因此，本书用满意度来表示态度忠诚。研究的目的侧重于行为忠诚，因为只有行为忠诚才会给企业带来真正的收益。问卷的测量重点在消费者对自己忠诚的茶叶店的各种方面的容忍，即使发现与同类的产品相比，该茶叶店的产品价格偏高、存在瑕疵，茶叶店的服务不周到等，但是综合各方面的考虑，消费者仍然认为是物超所值的，仍然会坚持购买。因此，围绕着消费者行为忠诚的各种表现情况，设置的指标具体如表5-4所示。

表 5-4　忠诚行为问卷原始题项

构面	指标	题目内容
忠诚行为	LOY1	即使该茶叶店调高价格，但只要是在合理范围内，我仍愿意在此消费
	LOY2	相比于其他饮料、果汁等产品，即使该茶叶店的茶叶价格较贵，我仍愿意继续在此消费
	LOY3	即使购买后发现价格比较贵，我仍认为是值得的
	LOY4	如有茶叶的需求，我会经常购买该茶叶店的茶叶

资料来源：本研究整理

5. 服务品质的二阶构面的测量指标

在第2章第2.2节中，已经讲述了关于服务品质的定义和划分维度方面的知识。

首先在学术界将品质的概念引入服务领域的是 Regan（1963），其提出了服务品质的概念，他认为服务不同于普通流通的商品，具有无形性、异质性、不可分割性和易逝性四个特征。目前学术界公认的比较具有影响力的是芬兰学者 Gronroos（1982）根据心理学的理论，提出的消费者感知服务质量这一概念。他认为服务质量是一个主观的感知，取决于消费者对质量的预期和实际的感知水平。关于服务品质的划分方面，目前在学术界最具有影响力的服务品质的结构划分是 Parasura、Zeithaml 和 Berry（1985）所提出的理论，包括有形性、可靠性、反应性、信任性、胜任性、礼貌性、安全性、接近性、沟通性和理解性。随后，Parasura、Zeithaml 和 Berry（1988）又进一步地简化为五个要素：可靠性、回应性、保障性、移情性和有形性。因此，本书在分析服务品质的时候，也同样借鉴 PZB 的经典模型，从五个方面进行量表的设计和开发。

第一，有形性。有形性指的是设备、设施、硬件、环境等方面的表现。而对于本书所研究的特定对象连锁茶叶店而言，主要是测量顾客在进入茶叶店时通过感官实际所看到的有形的内容。其中包括了茶叶店铺的商品陈列、摆设、店内的装修和人员的穿着等。因此，围绕着有形性的定义，设置的指标具体如表5-5所示。

第二，可靠性。可靠性是指在多次的服务提供过程中，总能以相同的方式、没有差错的完成服务。其主要指的是避免在服务过程中出现差错。

而对于本书所研究的特定对象连锁茶叶店而言，主要是测量顾客对所销售的茶叶产品质量方面的认知。近年来，随着农药残留、食品安全等负面事件的不断曝光，消费者对茶叶产品的消费信心大打折扣，因此对茶业产品的安全保障也日益关注。对于直接饮用的茶叶产品而言，消费者最关心的就是茶叶的残留，农药和化肥的使用是否规范，是否在监测标准方面合格等。因此，围绕着上述茶叶产品的保障性问题，设置的指标具体如表5-6所示。

表 5-5   有形性问卷原始题项

构面	指标	题目内容
有形性	SQ1	该茶叶店地理位置标示清楚，易于辨识
	SQ2	该茶叶店的装潢、灯光、气氛舒适
	SQ3	该茶叶店的位置易于停车
	SQ4	该茶叶店的商品分类陈列，店面环境整洁
	SQ5	该茶叶店的服务人员穿着整洁，仪容端正
	SQ6	该店铺的茶文化氛围好

资料来源：本研究整理

表 5-6   可靠性问卷原始题项

构面	指标	题目内容
可靠性	SQ7	该茶叶店所销售的茶叶质量良好，茶汤、叶底、香气、口感等较好
	SQ8	该茶叶店在有机茶、可追溯体系、农资监管等方面做了很多努力
	SQ9	在该茶叶店在当地的质检部门的抽检中，没有出现农残等质量问题
	SQ10	在每一个茶季，该茶叶店提供的同款春茶和秋茶的品质是一致的

资料来源：本研究整理

第三，回应性。响应性指的是在应对顾客的要求、投诉、提问等情形时，企业应该在第一时间做出合理正确的反应，缩短顾客的等待时间。其关键在于一线服务人员的素质、企业的组织结构、响应的程序和办事的效率。而对于本书所研究的特定对象连锁茶叶店而言，主要是测量顾客在茶叶店消费的过程中，如果产生了消费的疑问，关于茶叶产品相关的问题的时候，服务人员的反应。如果他们能够积极地回答，主动地解决消费者的困惑和疑问，则是较好的回应方式。因此，围绕着回应性的各种表现情况，设置的指标具体如表 5-7 所示。

表5-7 回应性问卷原始题项

构面	指标	题目内容
回应性	SQ11	该茶叶店的服务人员很乐意帮助顾客解决茶叶的需求
	SQ12	该茶叶店的服务人员会迅速响应顾客的要求
	SQ13	该茶叶店的服务人员有能力解决顾客的问题

资料来源：本研究整理

第四，保障性。保障性指的是企业所提供的产品和服务是有保证的，表现在产品是质量合格的，服务人员是训练有素、具备专业胜任能力的，因为只有这样的产品和服务才能够让消费者放心。而对于本书所研究的特定对象连锁茶叶店而言，主要是测量顾客在进入该茶叶店后接受服务的质量情况，尤其是在该服务背后，是否有相应的制度和培训作为保证。茶叶的营销属于体验性营销，消费者通过服务人员在茶叶介绍、冲泡茶叶、茶艺表演后进行购买的决策。保障性主要表现在茶叶一线销售人员的服务质量、业务能力和自身素质等方面。围绕着保障性的各种表现情况，设置的指标具体如表5-8所示。

表5-8 保障性问卷原始题项

构面	指标	题目内容
保障性	SQ14	该茶叶店会主动告知未来将要提供的服务和优惠活动
	SQ15	我信任该茶叶店服务人员提供给我的信息
	SQ16	我认为该茶叶店有给予员工适当的茶艺、茶道、茶文化方面的培训
	SQ17	该茶叶店的服务人员对顾客一直很有礼貌

资料来源：本研究整理

第五，移情性。移情性指的是服务人员会设身处地地为顾客着想和思考，从顾客的角度去解决问题。对于本书所研究的特定对象连锁茶叶店而言，主要是测量该茶店的工作人员是否会换位思考，提前了解顾客的需求，并且想方设法来满足顾客的需要。在茶叶市场竞争日趋激烈的情况下，抓住顾客的心理和需要是非常重要的。围绕着移情性的各种表现情况，设置的指标具体如表5-9所示。

表 5-9　移情性问卷原始题项

构面	指标	题目内容
移情性	SQ18	销售员可以经常给我一些赠品
	SQ19	该茶叶店营业时间长、方便购物
	SQ20	该茶叶店服务人员会知道顾客的需求
	SQ21	该茶叶店会提供产品快递服务或送货上门
	SQ22	该茶叶店有优先考虑顾客的利益
	SQ23	该茶叶店会提供顾客个性化的服务

资料来源：本研究整理

5.2.2　专家调研结果分析

对于专家打分的衡量标准是，将上一节中产生的原始量表给专家审阅，请专家对于46个题目中有重要程度的、能反映本书研究主题的项目进行打分。每一题记一分，最终以得分的高低来决定题目的优劣。从得分情况的统计来看（表5-10），CS6"该茶叶店所提供多样化的付款方式，如信用卡，货到付款、微信支付、先消费后付款等，让我觉得方便"、SC2"如果换到其他店消费，需要重新适应茶叶的口感和品质"和SQ9"在当地的质检部门的抽查中，没有出现农残的问题"这三个问题的得分最高，分别是39分，36分和35分，说明这三个问题在设计的时候有一定的科学性和合理性。另一方面，得分较低的三个题项是CS3"我向茶叶店提出问题需要解决时，能迅速地处理"，SC4"如果转换到其他的店家，其茶叶产品的质量会更差"和SQ18"销售员可以经常给我一些赠品"，分别得分为7分，6分，6分，均低于10分，拟予以删除。专家给出的意见是，对于CS3"我向茶叶店提出问题需要解决时，能迅速地处理"，这一问题的设计太过于抽象化，让被调查者很难去量化的回答，而且这个问题

表 5-10　专家问卷题项得分表

题号	得分	题号	得分	题号	得分
CS1	23	BI3	17	SQ8	35
CS2	15	BI4	32	SQ9	18
CS3	7	BI5	11	SQ10	16
CS4	31	BI6	26	SQ11	21
CS5	15	LOY1	30	SQ12	19
CS6	39	LOY2	31	SQ13	26
CS7	12	LOY3	19	SQ14	17
CS8	19	LOY4	26	SQ15	31
SC1	29	SQ1	23	SQ16	20
SC2	36	SQ2	20	SQ17	6
SC3	33	SQ3	29	SQ18	14
SC4	6	SQ4	17	SQ19	19
SC5	19	SQ5	19	SQ20	22
SC6	25	SQ6	30	SQ21	22
BI1	21	SQ7	20	SQ22	17
BI2	20			SQ23	15

资料来源：本研究整理

所包含的内容也太多，不适合设置成一个题目去考查。对于 SC4 "如果转换到其他的店家，其茶叶产品的质量会更差"，专家的解释是，消费者在转换商家或茶叶品牌的时候，并不一定是因为茶叶的品质更差，只是因为习惯了上一家的产品特点，如口感、滋味、茶叶的香气等特征，是由于消费的惯性而引起的拒绝，而并不一定是由于产品的质量问题。因此，这个问题的设置并不太合理。对于 SQ18 "销售员可以经常给我一些赠品"，专家的观点是现在的品牌茶叶企业的销售一般都没有赠品的配送，只有在买茶之前的免费试泡服务，但这在营销上不能界定为赠品。因此，这一题目也应该予以删去。同时，SQ6 和

SQ2可以合并，因为他们表述的是类似的内容：店铺的内部装修、装潢和氛围，因此合为一道题。综合表述为"茶叶店的装潢、灯光、气氛舒适，茶文化氛围好"。根据专家的意见，SQ23需要增加个性化服务的内容，因为目前的很多品牌茶叶企业都和其他企业进行战略合作，大力开发定制茶叶、礼品茶，都体现了该需求企业的标志、名称和特殊的需要，因此，提供定制茶叶是很重要的服务内容。SQ21增加了"送货上门"的内容，根据营销店长、客户经理的访谈发现，现在大多数的客户都会选择在有需求的时候通过电话订购茶叶，然后需要茶叶企业的销售人员提供送货上门的配送服务。这种营销方式主要是因为人们的工作节奏快、时间紧迫，因此这项服务变得越来越普遍。

5.3　预调查的测量项目验证

基于上节中调查问卷的初步设计，为了验证其科学性和合理性，本研究开展了预调查，进行数据的录入和处理，拟通过预调查的数据进行问卷的修正。

调查的地点选择福建省泉州市安溪县的中国茶都、中国茶博汇和县政府附近的3家品牌连锁店，根据茶叶百强品牌报告公布的商家，主要涉及的是福建广福茶叶公司、三好茶博汇公司和武夷星茶叶公司。本书选择在茶叶店走访调查的方式发放问卷，共150份，其中回收问卷143份，问卷回收率为95.33%，对问卷的科学性和合理性进行分析，排除了无效问卷36份，最终得到有效问卷107份，问卷的有效回收率为71.33%。本研究判断无效问卷的原则包括：第一，问卷中的题目遗漏未答题较多，超过了30%；第二，问卷的回答呈明显的规律性；第三，问卷中的中立项过多，超过了50%；第四，回答问卷的时间过短，明显低于正常的作答时间的。

对调查数据的处理方式利用AMOS和SPSS统计软件展开。通过预调查的数据的修正指数（M.I.）、因子载荷分析、信效度分析和验证性因子分析的配适度指标等指标，剔除了不合格的测量题项，完成了调查问卷的修订，形成了正式调研的问卷。

5.3.1　品牌形象的初始量表修正

由图5-1可知，6个测量变量的系数为0.82、0.80、0.82、0.81、0.65、0.69，没有系数超过1，根据 Kline（2011）的标准，说明测量变量之间没有共线性的问题。另外，所有载荷的系数都超过0.6，符合要求。同时，由上图的模型配适度可知，CHI/DF（卡方值与自由度的比值）=10.419，而标准值在1~3之间。GFI（配适度指标）=0.924，AGFI（调整的配适度指标）=0.822，而标准值应在0.9以上。RMSEA（近似均方根误差）=0.15，而标准值应在0.08以内。因此还要对模型的配适度进行进一步的修正。椭圆形内表示的是潜变量，潜变量之间的单箭头表示因果关系，潜变量之间的双箭头表示相关关系。椭圆形内的 e1、e2和e3等表示残差项，表示在模型中没有被解释到的部分。

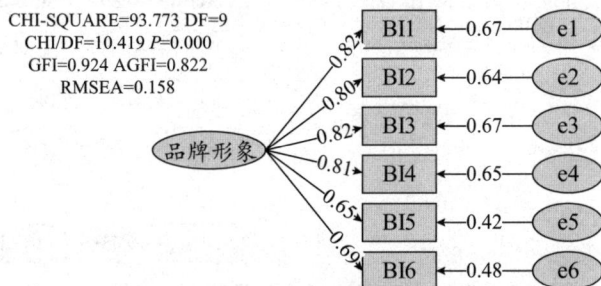

图 5-1　品牌形象标准化系数图

表 5-11　品牌形象修正指数表

			M.I.	Par Change
e6	<--->	e2	6.436	−0.078
e5	<--->	e2	4.435	−0.072
e5	<--->	e6	77.828	0.371
e1	<--->	e2	8.354	0.066
e1	<--->	e6	7.095	−0.075

资料来源：本研究整理

从修正指数可知，如果删去e5，则卡方值降低82.262；若删去e6，则卡方值降低91.395；因此建议删去e6或e5。结合上图的因子载荷系数，由于e5的系数较低，因此建议删去e5。

由图5-2可知，5个测量变量的系数为0.83、0.81、0.82、0.82、0.65，没有系数超过1，根绝Kline（2011）的标准，说明测量变量之间没有共线性的问题。另外，所有的因子载荷都大于0.6。同时，由上图的模型配适度可知，CHI/DF=1.621，而标准值在1~3之间。GFI=0.991，AGFI=0.973，而标准值应在0.9以上。RMSEA=0.041，而标准值应在0.08以内。因此模型的配适度基本符合要求。从修正指数可知，已经没有系统提示需要调试的内容，模型基本符合要求。因此，经过上述的调整，我们可以得到最终的品牌形象问卷，如表5-12所示。

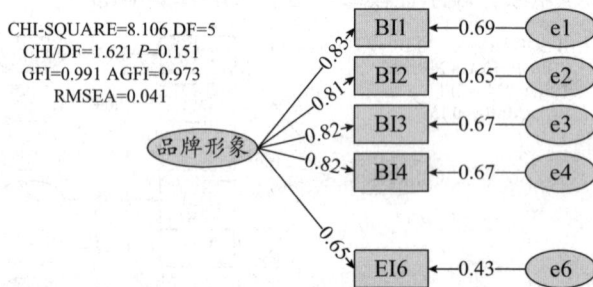

图 5-2　品牌形象第一次修正后系数

表 5-12　品牌形象问卷最终保留题项

构面	指标	题目内容
品牌形象	BI1	该品牌茶叶所在产地的茶文化氛围好
	BI2	该品牌茶叶所表达的含义和我的期望一致
	BI3	该品牌茶叶占有较强的市场领导地位和竞争力
	BI4	我清楚地知道该品牌茶叶的消费者类型
	BI6	我身为该品牌茶叶的顾客感到有面子

资料来源：本研究整理

5.3.2　满意度的初始量表修正

由图5-3可知，7个测量变量的系数为0.53、0.71、0.71、0.72、0.65、0.73、0.66，没有系数超过1，根绝 Kline（2011）的标准，说明测量变量之间没有共线性的问题。由于 CS1 的系数为0.53，小于0.6，因此建议从测量模型中删去。同时，由上图的模型配适度可知，CHI/DF=2.949，而标准值在1~3之间。GFI=0.968，AGFI=0.936，而标准值应在0.9以上。RMSEA=0.072，而标准值应在0.08以内。因此模型的配适度基本符合要求。

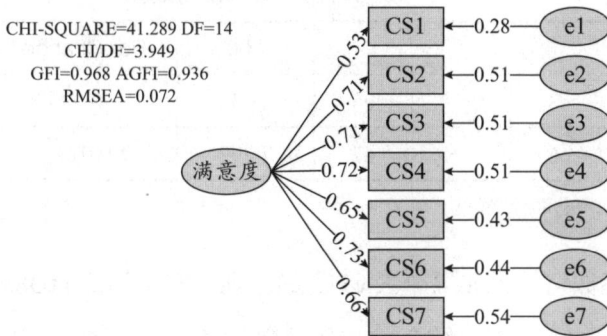

图 5-3　顾客满意度标准化系数

表 5-13　顾客满意度修正指数表

			M.I.	Par Change
e1	〈--〉	e7	7.738	−0.081
e3	〈--〉	e5	5.850	−0.094
e3	〈--〉	e1	8.776	0.091
e6	〈--〉	e7	12.287	0.105
e6	〈--〉	e1	4.247	−0.068

资料来源：本研究整理

从修正指数可知，如果删去 e1，则卡方值降低20.761；如果删去 e7，则卡方值降低20.025；如果删去 e6，则卡方值降低16.534，因此建议删去 e1。

CHI-SQUARE=21.667 DF=9
CHI/DF=2.407
GFI=0.981 AGFI=0.957
RMSEA=0.061

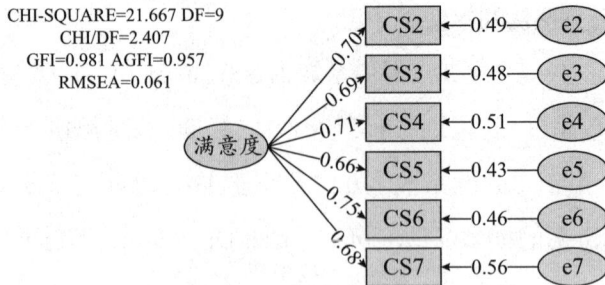

图 5-4　顾客满意度第一次修正后系数

表 5-14　顾客满意度修正指数表

			M.I.	Par Change
e3	<-->	e5	4.038	−0.080
e6	<-->	e7	7.292	0.079

资料来源：本研究整理

从修正指数可知，如果删去 e5 或 e3，则卡方值降低 4.038；若删去 e7 或 e6，则卡方值降低 7.292。结合 e5 的因子载荷最低，因此建议删去 e5。

由图 5-5 可知，5 个测量变量的系数为 0.70、0.71、0.70、0.76、0.67，没有系数超过 1，说明测量变量之间没有共线性的问题。同时，由上表的模型配适度可知，CHI/DF=2.715，而标准值在 1~3 之间。GFI=0.985，AGFI=0.956，而标准值应在 0.9 以上。RMSEA=0.067，而标准值应在 0.08 以内。因此模型的配适度基本符合要求。最终删去 CS1 和 CS5，保留余下的题目。因此，经过上述的调整，我们可以得到最终的满意度问卷，如表 5-15 所示。

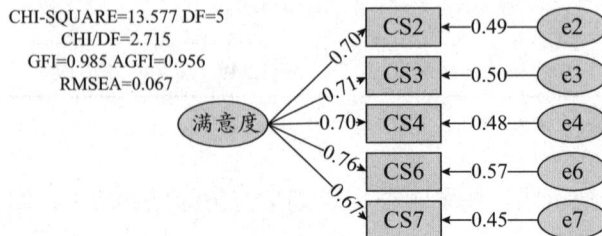

CHI-SQUARE=13.577 DF=5
CHI/DF=2.715
GFI=0.985 AGFI=0.956
RMSEA=0.067

图 5-5　顾客满意度第二次修正结果

表 5-15　顾客满意度问卷最终保留题项

构面	指标	题目内容
满意度	CS2	对于该茶叶店所提供的铁观音茶叶价格，我感到满意
	CS3	我觉得该茶叶店所提供的服务设备，如品茶区、包厢、茶艺表演区很完备
	CS4	该茶叶店所提供多样化的付款方式，如信用卡、货到付款、微信支付、先消费后付款等，让我觉得很方便
	CS6	与服务人员交谈时，我喜欢与他们交流
	CS7	该茶叶品牌提供的产品比预期的要好

资料来源：本研究整理

5.3.3　转换成本的初始量表修正

由图 5-6 可知，5 个测量变量的系数为 0.72、0.80、0.65、0.50、0.72，没有系数超过 1，说明测量变量之间没有共线性的问题。SC4 的系数为 0.50，低于 0.6 的标准，建议删去。同时，由图 5-6 的模型配适度可知，CHI/DF=6.985，而标准值在 1~3 之间。GFI=0.966，AGFI=0.899，而标准值应在 0.9 以上。RMSEA=0.126，而标准值应在 0.08 以内。因此还要对模型的配适度进行进一步的修正。

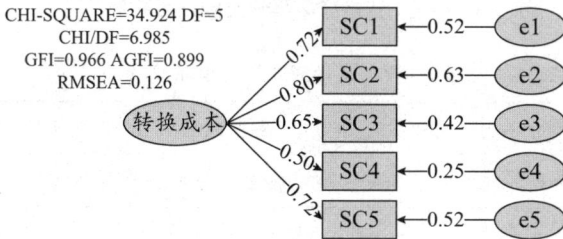

CHI-SQUARE=34.924 DF=5
CHI/DF=6.985
GFI=0.966 AGFI=0.899
RMSEA=0.126

转换成本 → 0.72 → SC1 ← 0.52 → e1
→ 0.80 → SC2 ← 0.63 → e2
→ 0.65 → SC3 ← 0.42 → e3
→ 0.50 → SC4 ← 0.25 → e4
→ 0.72 → SC5 ← 0.52 → e5

图 5-6　转换成本标准化系数

从修正指数可知，如果删去 e4，则卡方值降低 28.36；如果删去 e3，则卡方值降低 14.053，因此建议删去 e4。

表 5-16 转换成本修正指数表

			M.I.	Par Change
e3	〈--〉	e4	14.053	0.311
e5	〈--〉	e4	5.176	0.134
e2	〈--〉	e4	9.131	−0.188

资料来源：本研究整理

由图5-7可知，4个测量变量的系数为0.73、0.83、0.62、0.70，没有系数超过1，说明测量变量之间没有共线性的问题。因子载荷的系数都超过0.6，符合要求。同时，由图5-7的模型配适度可知，CHI/DF=2.227，而标准值在1~3之间。GFI=0.994，AGFI=0.97，而标准值应在0.9以上。RMSEA=0.057，而标准值应在0.08以内，模型的配适度符合要求。因此，经过上述的调整，我们可以得到最终的转换成本问卷，如表5-17所示。

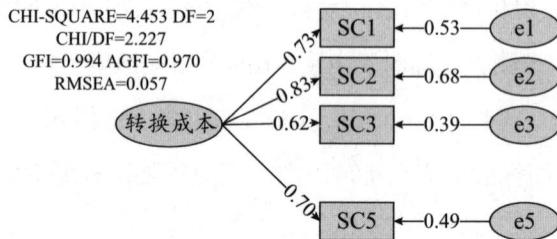

图 5-7 转换成本第一次修正后系数

表 5-17 转换成本最终保留题项

构面	指标	题目内容
转换成本	SC1	如果换到其他茶叶店消费，我会需要花费很多时间重新与销售人员建立关系
	SC2	如果换到其他茶叶店消费，我会需要花费很多时间重新适应新茶店所提供的茶叶口感与品质
	SC3	我已习惯原来这家茶叶店员工的服务方式，所以不想到别家购买
	SC5	如果换到其他商家消费，我还要在路途上花费更多的时间和精力

资料来源：本研究整理

5.3.4　忠诚行为的初始量表修正

由图5-8可知，4个测量变量的系数为0.81、0.83、0.84、0.69，没有系数超过1，说明测量变量之间没有共线性的问题。所有系数大于0.6，符合要求。同时，由图5-8的模型配适度可知，CHI/DF=2.016，而标准值在1~3之间。GFI=0.995，AGFI=0.973，而标准值应在0.9以上。RMSEA=0.052，而标准值应在0.08以内。因此模型的配适度符合要求。从修正指数可知，暂时没有需要修正的指标。因此，本模型即确定为最终模型。原始问卷中的四个问题也予以保留。

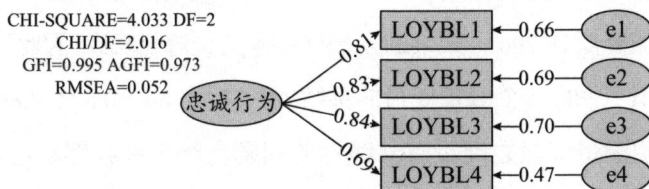

CHI-SQUARE=4.033 DF=2
CHI/DF=2.016
GFI=0.995 AGFI=0.973
RMSEA=0.052

忠诚行为　0.81→LOYBL1←0.66 e1
0.83→LOYBL2←0.69 e2
0.84→LOYBL3←0.70 e3
0.69→LOYBL4←0.47 e4

图 5-8　忠诚行为标准化系数

5.3.5　服务品质的初始量表修正

1．有形性的量表修正

由图5-9可知，5个测量变量的系数为0.80、0.81、0.62、0.85、0.84，没有系数超过1，说明测量变量之间没有共线性的问题。五个系数都超过0.6，符合要求。同时，由图5-9的模型配适度可知，CHI/DF=4.966，而标准值在1~3之间。GFI=0.974，AGFI=0.922，而标准值应在0.9以上。RMSEA=0.103，而标准值应在0.08以内。因此模型的配适度还需要进一步的调试。

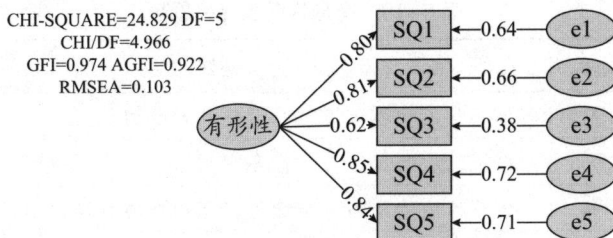

CHI-SQUARE=24.829 DF=5
CHI/DF=4.966
GFI=0.974 AGFI=0.922
RMSEA=0.103

有形性　0.80→SQ1←0.64 e1
0.81→SQ2←0.66 e2
0.62→SQ3←0.38 e3
0.85→SQ4←0.72 e4
0.84→SQ5←0.71 e5

图 5-9　有形性标准化系数

表 5-18　有形性修正指数表

			M.I.	Par Change
e1	〈--〉	e2	8.947	0.048
e5	〈--〉	e2	4.381	−0.031
e5	〈--〉	e4	8.176	0.038
e3	〈--〉	e2	4.878	0.048

资料来源：本研究整理

从修正指标中我们可以看到，如果删去 e1，则卡方值降低 8.947，如果删去 e2，则卡方值降低 18.206；如果删去 e5，则卡方值降低 8.176 因此建议删去 e2。

由图 5-10 可知，4 个测量变量的系数为 0.77、0.60、0.87、0.86，没有系数超过 1，说明测量变量之间没有共线性的问题。四个系数都超过 0.6，符合要求。同时，由图 5-10 的模型配适度可知，CHI/DF=1.384，而标准值在 1~3 之间。GFI=0.996，AGFI=0.982，而标准值应在 0.9 以上。RMSEA=0.032，而标准值应在 0.08 以内，模型的配适度符合要求。因此，经过上述的调整，我们可以得到最终的有形性问卷，如表 5-19 所示。

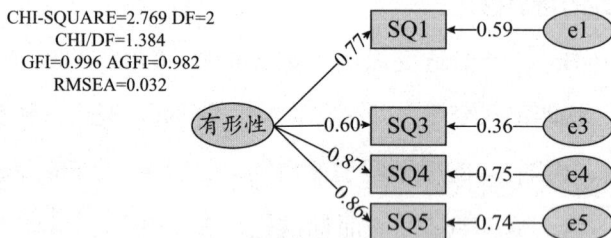

CHI-SQUARE=2.769 DF=2
CHI/DF=1.384
GFI=0.996 AGFI=0.982
RMSEA=0.032

图 5-10　有形性第一次修正后标准系数

表 5-19　有形性问卷最终题项

构面	指标	题目内容
有形性	SQ1	该茶叶店地理位置标示清楚，易于辨识
	SQ3	该茶叶店的位置易于停车
	SQ4	该茶叶店的商品分类陈列，店面环境整洁
	SQ5	该茶叶店的服务人员穿着整洁，仪容端正

资料来源：本研究整理

2．可靠性的初始量表修正

由图5-11可知，4个测量变量的系数为0.62、0.83、0.72、0.65，没有系数超过1，说明测量变量之间没有共线性的问题。四个系数都超过0.6，符合要求。CHI/DF=2.458，而标准值在1~3之间。GFI=0.993，AGFI=0.966，而标准值应在0.9以上。RMSEA=0.062，而标准值应在0.08以内。因此模型的配适度基本符合要求。原始的四个问题予以保留。

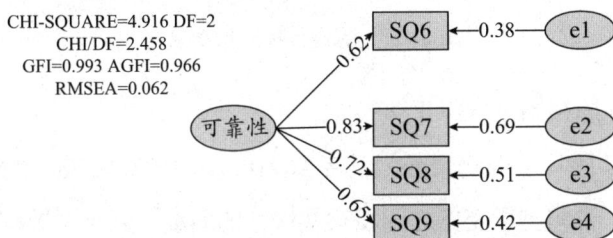

图 5-11　可靠性标准化系数

3．回应性的初始量表修正

由图5-12可知，3个测量变量的系数为0.81、0.80、0.67，没有系数超过1，说明测量变量之间没有共线性的问题。三个系数都超过0.6，符合要求。原始的三个问题予以保留。

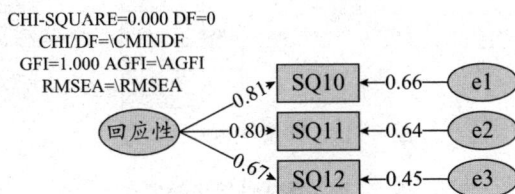

图 5-12　回应性标准化系数

4．保障性的初始量表修正

由图5-13可知，4个测量变量的系数为0.70、0.69、0.71、0.66，没有系数超过1，说明测量变量之间没有共线性的问题。四个系数都超过0.6，符合要求。原始的三个问题予以保留。同时，由图5-13的模型配适度可知，CHI/DF=2.617，而标准值在1~3之间。GFI=0.993，AGFI=0.964，而标准值应在0.9

以上。RMSEA=0.065，而标准值应在0.08以内，因此模型的配适度基本符合要求。原始的四题予以保留。

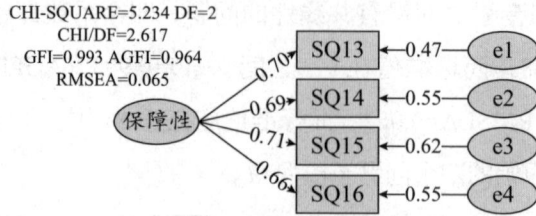

图 5-13　保障性标准化系数

5. 移情性的初始量表修正

由图5-14可知，5个测量变量的系数为0.68、0.72、0.78、0.66、0.75，没有系数超过1，说明测量变量之间没有共线性的问题。五个系数都超过0.6，符合要求。同时，由图5-14的模型配适度可知，CHI/DF=4.155，而标准值在1~3之间。GFI=0.978，AGFI=0.933，而标准值应在0.9以上。RMSEA=0.091，而标准值应在0.08以内。因此模型的配适度还需要进一步的调试。

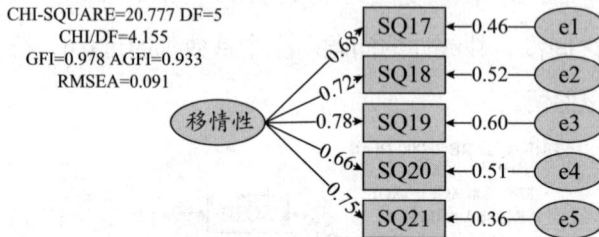

图 5-14　移情性标准化系数

表 5-20　移情性修正指数表

			M.I.	Par Change
e4	⟨--⟩	e5	11.450	0.146
e2	⟨--⟩	e5	5.133	−0.079
e2	⟨--⟩	e4	4.034	−0.075

资料来源：本研究整理

从修正指数可知，如果删去e5，则卡方值降低16.583；若删去e4，则卡方值降低15.617；因此建议删去e5。

由图5-15可知，4个测量变量的系数为0.68、0.75、0.78、0.68，没有系数超过1，说明测量变量之间没有共线性的问题。所有的因子载荷都大于0.6。同时，由图5-15的模型配适度可知，CHI/DF=2.773，而标准值在1~3之间。GFI=0.993，AGFI=0.965，而标准值应在0.9以上。RMSEA=0.069，而标准值应在0.08以内。因此模型的配适度进基本符合要求。因此，经过上述的调整，我们可以得到最终的移情性问卷，如表5-21所示。

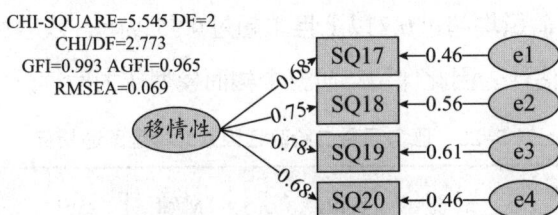

图 5-15　移情性第一次修正结果

表 5-21　移情性问卷最终题项

构面	指标	题目内容
移情性	SQ17	该茶叶店会提供顾客个性化的服务
	SQ18	该茶叶店营业时间长、方便购物
	SQ19	该茶叶店服务人员会知道顾客的需求
	SQ20	该茶叶店会提供产品快递服务或送货上门

资料来源：本研究整理

6. 服务品质的测量结构的产生

在第2章中，根据前人的文献，我们已知测量服务品质可以使用经典的PZB模型。同时，在本章上节中，也对服务品质构成的五个要素分别进行了统计分析，从而确定了其最终的问卷形式。本节的研究内容是：如何将这五个要素结合在一起？通过怎样的形式才能更为有效地反映服务品质的特征？按照潜变量的分析方法，这五个要素的结合有四种形式：一阶一因子分析、一阶五因子模式(因素之间无相关)、一阶五因子模式(因素间有相关)和二阶因子模式。

本节的任务是利用统计分析的方法，从四种形式中选择一种最能代表服务品质的潜变量表达形式。

表5-22目标系数（target coefficient）为0.92，这是为了比较一阶和二阶模型与资料的配适程度。目标系数越接近于1，越表明二阶可以代替一阶，为了让模型更精简（Marsh et al.，1985）。从服务质量模型配适情形中可以看出二阶因子模型的模型配适度（卡方值／自由度=1.753）较低，GFI、AGFI最低，因此二阶服务质量构面确实符合理论模型的要求。经二阶CFA后，五个解构构面的标准化因素负荷量均超过0.7以上且未超过0.95以上，残差均为正值而且显著，显见无违犯估计。因此保留二阶五个构面模型作为后续分析。

表 5–22　服务质量二阶验证因素之模型配适指标

服务质量二阶验证因素模式	x^2 值	自由度（df）	x^2/df	GFI	AGFI	RMSEA
0.Null model	3 623.244	210	17.25	0.223	0.145	0.235
一阶一因子分析	688.403	152	4.529	0.816	0.77	0.097
一阶五因子模式（因素之间无相关）	1 247.178	152	8.205	0.685	0.606	0.138
一阶五因子模式（因素间有相关）	236.264	142	1.664	0.941	0.920	0.042
二阶因子模式	257.749	147	1.753	0.934	0.915	0.045
建议值	愈小愈好	愈大愈好	<5	>0.8	>0.8	<0.08

资料来源：本研究整理

按照潜变量的分析方法，这五个要素的结合有四种形式：第一种是一阶一因子分析（见图5-16），主要刻画服务品质的测量题目的一阶因子分析情况；第二种是一阶五因子模式（因素之间无相关）（见图5-19），主要描述服务品质的五个主要因子内部的路径关系。其中，五个主要因子有形性、可靠性、回应性、保障性、移情性之间没有相关关系；第三种是一阶五因子模式（因素之间有相关）（见图5-18），衡量的是在有形性、可靠性、回应性、保障性、

Second order CFA
FORMAT=Standardized estimates
CHI-SQUARE=257.749 DF=147
CHI/DF=1.753
GFI=0.934 AGFI=0.915
RMSEA=0.045

图 5-17　服务品质二阶因子模型的标准化系数

Single factor CFA
FORMAT=Standardized estimates
GROUP=Group number 1
CHI-SQUARE=688.403 DF=152
CHI/DF=4.529
GFI=0.816 AGFI=0.770
RMSEA=0.097

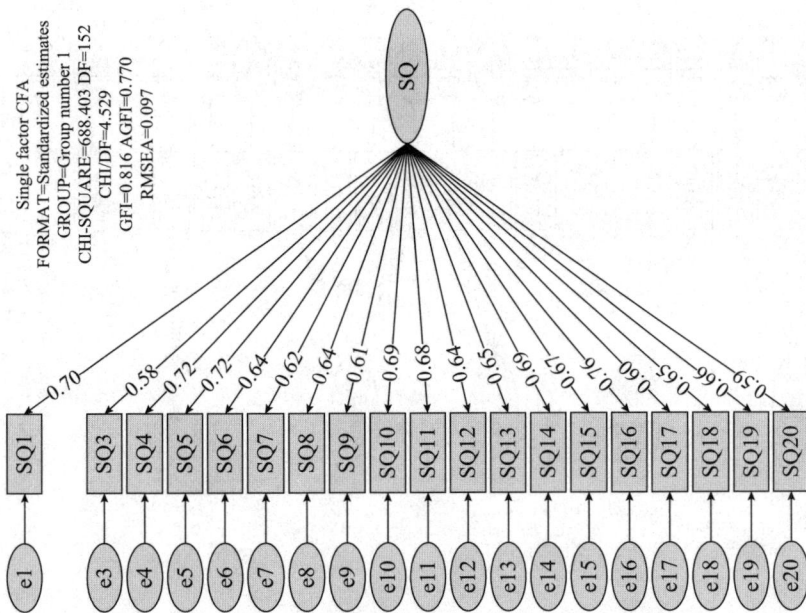

图 5-16　服务品质一阶因子模型的标准化系数

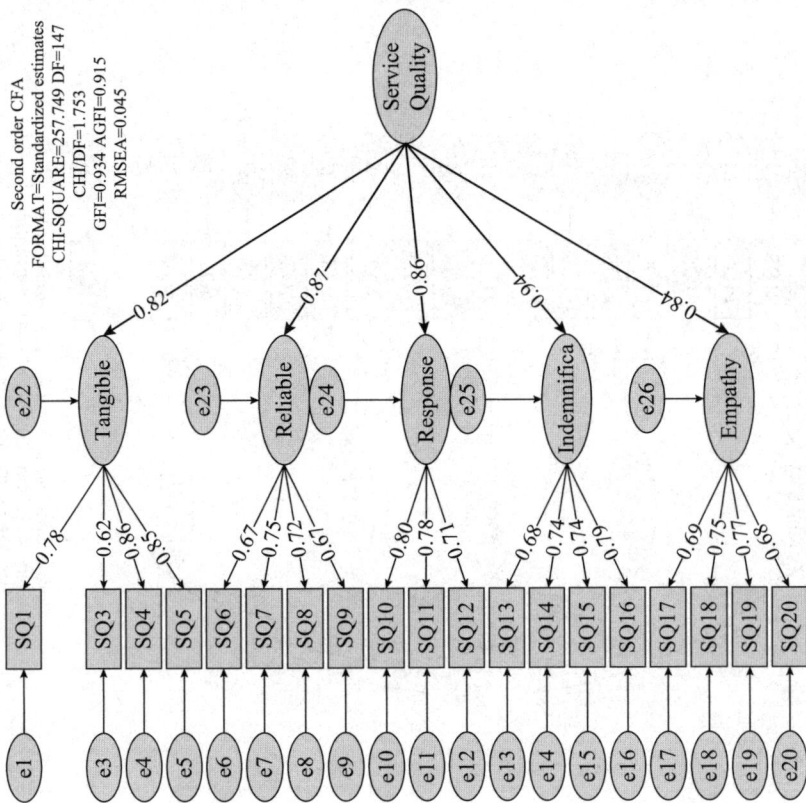

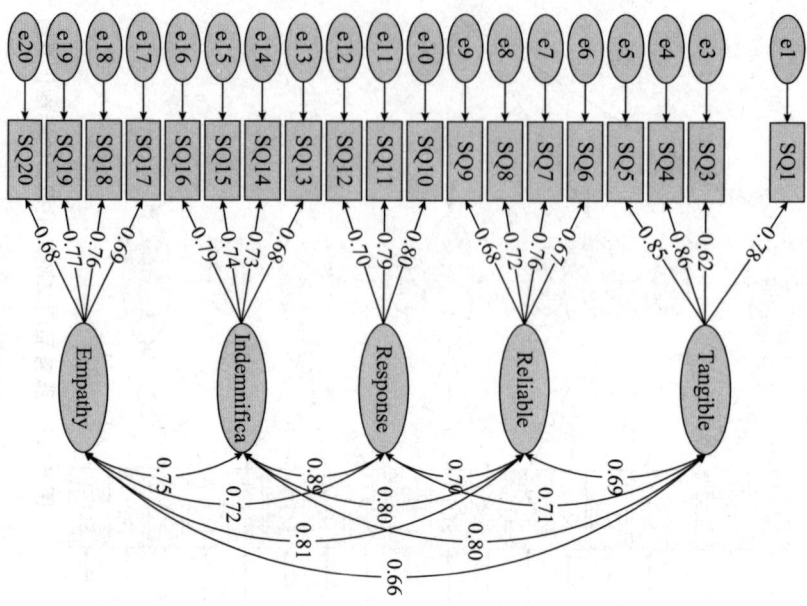

First order CFA   FORMAT=Standardized estimates
GROUP=Group number 1   CHI-SQUARE=236.264 DF=142
CHI/DF=1.664   GFI=0.941 AGFI=0.920   RMSEA=0.042

图 5-18   服务品质因子有相关的标准化系数

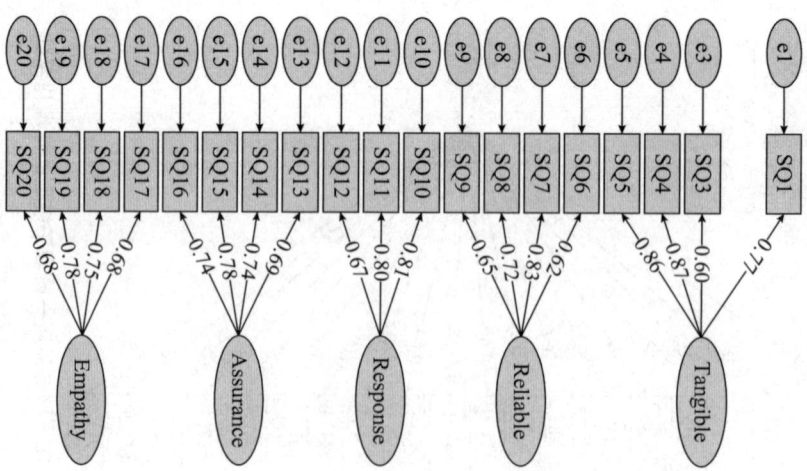

First order CFA   FORMAT=Standardized estimates
GROUP=Group number 1   CHI-SQUARE=1 247.178 DF=152
CHI/DF=8.205   GFI=0.685 AGFI=0.606   RMSEA=0.138

图 5-19   服务品质因子无相关的标准化系数

移情性有相关关系的前提下，模型对于服务品质的测量情况；第四种是二阶因子模式（见图 5-17），使用二阶构面，衡量的是服务品质的五个因子的二阶模型的表达形式。本节的任务是利用统计分析的方法，从四种形式中选择一种最能代表服务品质的潜变量表达形式。

5.4 本章小结

在本书第 2 章相关的理论和文献的评述基础上，结合第三章的茶叶产品特性和消费者特性，本章初步设计了茶叶消费者忠诚行为形成机理的满意度、转换成本、服务品质和品牌形象等潜变量的测量量表。然后通过预调查的数据，进行初步测量题项的检测，经过因子载荷分析、信效度分析和验证性因子分析的配适度指标等，剔除不合格的测量题项，完成调查问卷的修订，形成正式调查的问卷，从而为后续研究奠定基础。

第6章　忠诚行为形成机理的结构方程模型检验

本章将根据上一章预调查的结果进行正式数据的获取，并进行相关的检验和正式调研的结构方程模型分析。在前期的数据检验中，本章使用了正态性检验、信度和效度的检验、共同方法变异的检验等方法，经过相关的检定发现，正式调查的数据符合要求和规范。在后续的结构方程模型检验中，重点检验了忠诚行为的路径系数和形成机理，找到了不同的影响因素和他们之间的作用关系。

6.1　数据收集与描述性统计

6.1.1　调查问卷的发放与数据收集

基于上个章节中对调查问卷的预调查和修订，形成的最终的正式问卷，本章则进行正式的调查问题和处理。

第一，关于调研样本容量的选择方面。根据在第4章中研究模型的推导和第5章中测量题目的产生，本研究的测量的量表共包括消费者的人口统计特征、服务质量、转换成本、品牌形象、消费者的满意度、忠诚行为六个模块。经过第5章预调查对于量表的修正，最终关于服务质量保留了19个测量题目；关于忠诚行为保留了4个测量题目；关于品牌形象保留了5个测量题目；关于消费者的满意度保留了5个测量题目；关于转换成本保留了4个测量题目。因此，正式的问卷中包含的测量题目一共41个，对于忠诚行为模型而言，共37题。采用 Likert Scale 七点量表进行打分，1表示完全不同意，7表示完全同意。

　　由于在本模型中，对于忠诚行为模型而言，有37个题目，则根据公式，自由度初步估计为629。可以根据 R 语言来初步估计样本数的大小。通过 R 语言的测试，样本数最低在43个，最高在64个，具体的样本计算过程见书后附录二。从稳健性的原则出发，应该至少选择64个样本。同时，根据 Loehlin (1992)的意见，一个有2~4个潜变量的模型，至少要有100个样本，200个样本更好。根据 Bentler 和 Chou (1987)的意见，样本数应该是观测题目的10倍，这样才能保证分析的有效性。根据 Hair (2009)的意见，在小于7个潜变量的情况下，至少需要150~300个样本，才能保证 SEM 估计的有效性。本书的模型的37个题目，则至少需要350个样本来进行调研。

　　综合上述的分析，本研究的调查问卷最终发放450份，其中回收问卷422份，问卷回收率为93.78%，对问卷的科学性和合理性进行分析，排除了无效问卷44份，最终得到有效问卷362份，问卷的有效回收率为80.4%。本研究判断无效问卷的原则包括：第一，问卷中的题目遗漏未答题较多，超过了30%；第二，问卷的回答呈明显的规律性；第三，问卷中的中立项过多，超过了50%；第四，回答问卷的时间过短，明显低于正常的作答时间的。

　　第二，关于调研地点的选择方面。调研地点的选取的依据是分层抽样法，该方法指的是，先将总体的调查对象按某一标志分为 K 层，然后从不同的层级中随机抽取 N 个样本组成新的分层样本。在具体的过程中，采用的是等比例的抽样方式，要求各层的样本单位数的分配比例和总体的单位数在各层的比例一致，该方法分配比较合理，在实际的工作中应用较为普遍。因此，根据该方法的理论，本书所选取的分层标志是行政区域的各个地市，即福建省的九个行政区地市，自然分为九个层级，分别是：宁德、南平、泉州、龙岩、福州、三明、莆田、漳州和厦门。样本的抽取比例依据是各个地市的 GDP 总量，按照其不同的经济发展水平来核定相应的问卷数量。参考的依据是福建省人民政府 2014 年公布的统计年鉴，该资料公布在福建省人民政府的门户网站上，由福建省统计局的专业处室整理，科学反映了全省各市的经济社会事业发展情况，具有一定的业内权威性。该资料显示：全省 GDP 达到了 25 044.4 亿元。其中福州达到了 4 678.49 亿元；厦门达到了 6 267 亿元；莆田达到了 1 342.86 亿元；三明达到了 1 477.59 亿元；泉州达到了 5 218.00 亿元；漳州达到了 2 236.02 亿元；南平达到了 1 105.82 亿元；龙岩达到了 1 479.90 亿元；宁德达到了 1 238.72 亿元。其中，按照 GDP 的经济总量来排名从高到低是：厦门、泉州、福州、漳州、三明、龙岩、莆田、宁德和南平。结合分层抽样的各层的比例关系，各个地市所抽取的问卷数量为：厦门（113 份）、泉州（95 份）、福州（84 份）、漳州（40份）、三明（26 份）、龙岩（26 份）、莆田（24 份）、宁德（22 份）和南平（20 份）。

通过上述的分析可以看到，在所需要的450份问卷中，占较大比例的是厦门、泉州、福州三个地市，其问卷总量达到了 292 份，占到了问卷总量的64.89%，占据较重要的比例，对这三个城市拟采取实地调查的方式，通过在实体的门店展开调查。而针对宁德、南平、龙岩、三明、莆田和漳州六个城市，拟采用网络调查的形式。原因是他们的问卷总量合计158 份，占到了问卷总量的35.11%，占据较少的比例。同时，由于三明、龙岩、宁德等地的问卷需求量较少，平均在20份左右，如果采用实地调研的方式，将发生较多的交通、食宿等调研经费，会增加本研究的调研成本。最后，考虑到共同方法变异（Common Method Variance，CMV）的问题，为了做好共同方法变异的事前控制，要求在调研的样本选择上尽量多元化、多样化，这样才能避免在同一时间以客观题目的量表对消费者进行测量所产生的问题。因为如果采用单一来源的问答方式，受测者在面对题型和选项极为相似的问卷时，尤其容易产生共同变异问题，这会引起后续的模型潜变量之间的相关性膨胀，引发同源偏差的问题。因此，需要通过不同的测量方式来进行数据的获取。

福建省内 GDP 的经济总量排名前三的泉州、福州、厦门，这三个城市的经济总量占全省 GDP 的经济总量的59.35%，属于经济水平较发达的地区，对于开展品牌茶叶店铺的生产经营活动、市场营销、上下游产业链的对接等较为有利。

泉州的调查地点选择在泉州市安溪县的中国茶都。选择该地作为调研对象的原因是中国茶都是全国最大的茶叶商品交易地，其营销具有典型性，其市场营销情况如下：安溪茶都规模宏大，是全国最大的茶都，占地16万～17万平方米，其中茶都广场占地3万多平方米。茶都原建筑面积18万平方米，建有1 800多间商铺，两个茶叶交易厅，3 000多个茶叶交易摊位。随着茶叶交易规模的不断扩大，茶都商铺向北延伸，与北面的"特色土产市场"连为一个整体，茶都将土产市场整个纳入其中，使之成为茶都一部分，使茶都的商铺达到4 000余家。早在2008年，交易量就超过1.4万吨，交易额突破15亿元。在新茶全面上市期间，中国茶都平均每天茶叶交易量达到70多吨，交易额平均每天达到410多万元。其已形成福建、广东、长江流域和北方四大市场；在国外，由日本、俄罗斯扩大到世界60多个国家，每年出口量约1.5万吨，创汇6 000多万美元。

福州市的调查地点选择在五里亭茶叶批发市场和大型商圈的茶叶品牌连锁店。选择五里亭茶叶批发市场作为调研对象的原因是其包括茶叶街、茶叶市场西区、茶叶市场南区、海峡茶都四个部分。其是福建省内最大的茶叶集散地和茶文化传播交流中心之一。福州五里亭茶叶批发市场发展迅速，提升了福州市茶叶整体流通水平，在规范茶叶经营市场，平抑茶叶市场价格，传播、创新茶文化方面产生了积极作用，成为业内人士的交流基地，行业信息的传播阵地，茶叶消费者的首选市场。

厦门的调查地点选择在厦门茶业城和主要商圈的品牌茶叶连锁店。选择厦门茶业城作为调研地点的原因是其号称全省规模最大的茶产业配套专业市场。厦门茶业城依托福建茶业产业，占据海西龙头城市，打造福建茶产业配套中心，立足闽南，真正发挥厦门的窗口作用和福建的茶产业优势，辐射全国。厦门茶业城占据最重要的交通要道嘉禾路口，新开通的鳌山路贯穿市场，是几条重要交通要道交会之处；紧邻厦门大桥、集美大桥及机场，是厦门岛内交通最为便捷的位置之一。厦门茶业城规划有茶叶区、包装区、茶具区、茶工艺品区、茶家居区及少量的茶业机械。因此，基于其的重要地位和影响力，选择厦门茶业城可以较为全面地了解茶叶的消费情况。

第三，关于调研对象的选择方面。根据本研究的目的——关注品牌茶叶店的消费者忠诚行为的情况。因此，本研究的调研工作也围绕着品牌茶叶店铺展开，通过对品牌茶叶店铺的消费者的访谈来获得研究的数据。关于品牌茶叶店铺的选择方面，本研究参考了中国茶叶流通协会发布的全国茶叶品牌报告，凡是在该告中提到的商家和店铺，都可以作为走访的对象，进行数据的获取。中国茶叶流通协会成立于1992年，是茶叶行业生产、加工、经管、科研、教学等领域的全国性社团组织，接受中华全国供销合作总社和中华人民共和国民政部的指导和管理，属于国家4A级行业协会。因此，采用借鉴该报告来进行品牌茶叶店铺的选取具有一定的权威性。

第四，关于调研抽样方法的选择方面。调查的方法选择的是单纯随机抽样，对于调查的对象没有进行划分、分组和排队等加工整理，抽样结果完全由随机性决定，也称为完全随机抽样。具体的做法是以进店的顺序为每位顾客进行编号，按照问卷所需求的数量进行抽取。例如，在客流量较大的门店，抽取第1，5，10，15，…，n名顾客进行调查，在客流量较小的门店，可以选择相应较少的数量间隔，从而实现随机抽样。调查方式采用近点直接采访的形式与茶叶消费者进行访谈，填写问卷，从而获取其茶叶消费方面的数据。因此抽样组织比较简单、直观，使得调研工作的开展具有可行性。

在调研工作的开展方面，本研究的调查员由两部分构成：专业的任课老师和相关的学生，由专业老师带队，带领学生到相应的观测点进行调研。调查的问卷以主观题居多，在实际的调研过程中，一般是以自填式问卷的形式开展。但是，为了提高问卷的质量，还需要学生或老师进行辅助，进行辅导性的填答方式，这样极大地提高了问卷的完整性和可信度。因此，基于上述的情况，本研究的调研组在出发之前对全体的老师和学生都进行了相关的培训，主要围绕着问卷设计的目的和题目含义展开。同时，还聘请茶学专业的老师进行相关的专业知识培训，这样可使调研组成员对茶叶行业的专业知识有一定的了解，有助于更好地与被调查者沟通。

6.1.2　样本的描述性统计特征

本节将对本书的研究样本特征进行描述性统计分析，从八个方面展开，分别是消费者的性别、年龄、饮茶年限、收入、受教育程度、买茶用途、接受微营销的意愿和接受 O2O 营销的意愿等。

第一，消费者的性别分布。从样本的分布上来看，男性占绝大多数，达到了88.7%，而女性只占到了11.3%，具体分布如表6-1所示。在调研的样本中，男性茶客不仅占了数量上的绝对优势，还占到了购茶价格、档次上的绝对优势，这说明在品牌茶叶的消费中，性别的差异是非常明显的。

表 6-1　性别分布

	性别	人数（个）	百分比（%）	有效百分比（%）	累积百分比（%）
有效	男	321	88.7	88.7	88.7
	女	37	11.3	11.3	100.0
	合计	362	100.0	100.0	

资料来源：本研究整理

第二，消费者的年龄分布。从样本的分布上来看，21～30岁和31～40岁的年龄区间段的人占绝大多数，分别达到了34.5%和38.7%，而20岁以下和61岁以上的只占到了小部分，分别达到了1.4%和3.9%，具体分布如表6-2所示。说明在品牌茶叶的消费中，比较有消费意愿和消费能力的是中青年群体。

老年群体可能也有强大的消费意愿，但是他们的购买对象往往是批发市场的散装茶。因此，在本调查表中分布的比例较低。

表 6-2 年龄分布

	年龄	人数（个）	百分比（%）	有效百分比（%）	累积百分比（%）
有效	20 岁以下	5	1.4	1.4	1.4
	21~30 岁	125	34.5	34.5	35.9
	31~40 岁	140	38.7	38.7	74.6
	41~50 岁	45	12.4	12.4	87.0
	51~60 岁	33	9.1	9.1	96.1
	61 岁以上	14	3.9	3.9	100.0
	合计	362	100.0	100.0	

资料来源：本研究整理

第三，消费者的饮茶年限分布。从样本的分布上来看，2～5 年的时间区间占绝大多数，分别达到了 49.7%，而 20 年以上的重度饮茶者只占到了小部分，达到了 5.5%。

表 6-3 饮茶的年限分布

	年限（年）	人数（个）	百分比（%）	有效百分比（%）	累积百分比（%）
有效	1	3	0.9	0.9	0.9
	1	11	3.0	3.0	3.9
	2	37	10.2	10.2	14.1
	3	48	13.3	13.3	27.4
	4	29	8.0	8.0	35.4
	5	66	18.2	18.2	53.6
	6	21	5.8	5.8	59.4
	7	17	4.7	4.7	64.1
	8	26	7.2	7.2	71.3
	9	3	0.8	0.8	72.1

续表 6-3

	年限（年）	人数（个）	百分比（%）	有效百分比（%）	累积百分比（%）
	10	53	14.6	14.6	86.7
	11	5	1.4	1.4	88.1
	12	4	1.1	1.1	89.2
	13	1	0.3	0.3	89.5
	14	2	0.5	0.5	90.0
	15	12	3.3	3.3	93.3
	16	2	0.5	0.5	93.8
有效	17	1	0.3	0.3	94.1
	18	1	0.3	0.3	94.4
	20	12	3.3	3.3	97.7
	21	1	0.3	0.3	98.0
	25	3	0.8	0.8	98.8
	26	1	0.3	0.3	99.1
	30	2	0.5	0.5	99.6
	35	1	0.3	0.3	100.0
	合计	362	100.0	100.0	

资料来源：本研究整理

　　第四，消费者的收入分布。从样本的分布上来看，2 000～4 000元和4000～6 000元的收入区间段的收入者占绝大多数，分别达到了34.5%和21.5%，而2 000元以下的低收入者和10 000元以上的高收入者只占到了小部分，分别达到了7.5%和6.4%，具体分布如表6-4所示。此分布和福建省2014的统计年鉴中公布的个人GDP的情况类似。统计数据表明，2013年福州人均GDP为64 045元；厦门人均GDP为81 572元，泉州人均GDP为62 679元。说明在品牌茶叶店的消费过程中，应该重点关注此类人群。

表 6-4　您可支配的平均月收入分布（RMB）

	收入	人数（个）	百分比（%）	有效百分比（%）	累积百分比（%）
有效	2 000 元以下	27	7.5	7.5	7.5
	2 000～4 000 元	125	34.5	34.5	42.0
	4 000～6 000 元	78	21.5	21.5	63.5
	6 000～8 000 元	65	18.0	18.0	81.5
	8 000～10 000 元	44	12.1	12.1	93.6
	10 000 元以上	23	6.4	6.4	100.0
	合计	362	100.0	100.0	

资料来源：本研究整理

第五，消费者的受教育程度分布。从样本的分布上来看，具有高中或中专学历的人群占绝大多数，达到了 35.1%，其次是大专和本科的学历人群，达到了 30.7%，较少的是硕士以上的人群，只占到了 5.7%。具体分布如表 6-5 所示。该样本说明，在茶叶店消费的人群当中，具有中高级学历的人群偏少，中专和高中以下的人群就占到了绝大多数，达到了 63.6%。这也可能和调研的地区有关，如果调研地在北京、上海等地，可能具有中高级学历的人群相对就会较多。

表 6-5　您的受教育程度分布

	学历	人数（个）	百分比（%）	有效百分比（%）	累积百分比（%）
有效	初中及以下	103	28.5	28.5	28.5
	高中/中专	127	35.1	35.1	63.6
	大专/本科	111	30.7	30.7	94.3
	硕士及以上	21	5.7	5.7	100
	合计	362	100.0	100.0	

资料来源：本研究整理

第六，消费者购买茶叶的用途分布。从样本的分布上来看，消费者自己饮用和送给别人饮用的比例，分别达到了 18.2% 和 81.8%，具体分布如表 6-6

所示。说明在品牌茶叶的消费中，消费者更多地倾向于送给别人饮用，其具体的途径有商务接待用茶、企业定制的礼品茶、会议或节日庆典的伴手礼茶、人际交往的礼品茶等。而自己饮用占到了18.2%，说明国内的消费者随着生活水平的提高，在茶叶的选择上越来越重视品牌和质量，一部分有经济实力的消费者愿意为更高的茶叶品质支付更高的溢价。

表 6-6　您购买茶叶的用途分布

	购买用途	人数（个）	百分比（%）	有效百分比（%）	累积百分比（%）
有效	自己饮用	66	18.2	18.2	18.2
	送给别人饮用	296	81.8	81.8	100.0
	合计	362	100.0	100.0	

资料来源：本研究整理

第七，消费者接受微营销的意愿分布。从样本的分布上来看，消费者愿意接受微营销和不愿意接受的比例，分别达到了62.7%和37.3%，具体分布如表6-7所示。说明在品牌茶叶的消费中，消费者更多地倾向于接受企业的微营销，接受企业定期推送的优惠信息、打折信息和与茶文化有关的信息等。但是37.3%的不愿意接受的被调查者表示，现在很多企业都在推广自己的二维码和公众号，每天收到的信息量大而且繁杂，已经对他们的生活构成了打扰，所以也不愿意接受微营销。另一部分被调查者表示还没有使用微信的习惯，因此也不能接受企业的微营销行为。

表 6-7　您是否能接受微营销分布

	接受微营销的意愿	人数（个）	百分比（%）	有效百分比（%）	累积百分比（%）
有效	能接受	227	62.7	62.7	62.7
	不能接受	135	37.3	37.3	100.0
	合计	362	100.0	100.0	

资料来源：本研究整理

第八，消费者接受 O2O 营销的意愿分布。从样本的分布上来看，消费者愿意接受 O2O 营销和不愿意接受的比例，分别达到了 72.1% 和 27.9%，具体分布如表 6-8 所示。说明在品牌茶叶的消费中，消费者更多地倾向于接受企业的 O2O 营销。其原因可能是因为在茶叶的营销中，存在着大量的信息不对称的情况，消费者不清楚茶叶的质量和等级，而只能通过实体店的亲自感受才能知道，因此 O2O 营销结合了线上和线下的优势，因此消费者选择的意愿较高。

表 6-8　您是否能接受 O2O 营销分布

	接受 O2O 营销的意愿	人数（个）	百分比（%）	有效百分比（%）	累积百分比（%）
有效	能接受	261	72.1	72.1	72.1
	不能接受	101	27.9	27.9	100.0
	合计	362	100.0	100.0	

资料来源：本研究整理

6.1.3　样本数据缺失值的处理

在本次正式调研的过程中，对缺失值的处理方法是让调研员对被调查者做问卷的填写指导或者采用问答的形式来辅助被调查者完成问卷，在事前控制上减少缺失值存在的可能性。但是，从回收上来的问卷发现，仍然有缺失值的现象，可能是由于被调查者和调研员的疏漏，也可能是由于被调查者对题目不确定而引起的空缺。针对缺失值存在的情况，有时会采用直接删除的方式，但是在这种方式下，会失去大量的宝贵信息，而且会极大地增加调研的成本。同时还会引起调研分析结果的偏差，从而产生不完全观测数据和完全观测数据之间的差异性。因此，本书所使用的缺失值处理方法，主要是用 SPSS 软件自带的多重插补法（multiple imputation），该方法是 Rubin（1987）创立的数据补缺的分析方法，用一系列的值来估计缺失值，对多次替换的结果进行分析，最终将统计结果进行汇总，计算出总的参数的估计值。多重插补法的优点在于其并不是用一个数值来进行缺失值的填补，而是用缺失值的一个随机样本来进行处理，这样能更好地反映由于样本的缺失而产生的随机性，更加有利于统计分析。

从本次调研的数据处理上来看，存在数据缺失的样本数为7份，占总体样本的1.8%，所占的比例很小。因此，本研究使用SPSS的多重插补法计算和插补缺失值是可行的。

6.1.4 基本数据的正态性鉴定

在结构方程的分析过程中，本研究使用的是极大似然估计的方法，该方法要求所使用的数据符合正态分布。如果一个变量不符合正态分布，则方程中多变量的数据就无法满足多元正态分布的要求。因此，在进行正式的结构方程模型分析之前，本节先对收集的数据进行正态性鉴定，使用的标准是计算其峰度和偏度，以此来判断数据是否符合正态性。检验的结果如表6-9所示，对忠诚行为模型而言，单变量的偏度的绝对值同样在2之内，单变量的峰度的绝对值也在7之内，根据Kline（2005）的标准，可视为正态分布。基于上述分析，可以为下一节进行结构方程的分析打下基础。

表 6-9 忠诚行为模型数据正态性检定

变量	最小值	最大值	偏态	显著性检定值	峰度	显著性检定值
LOY4	1.000	7.000	−1.061	−8.422	1.745	6.924
BI6	1.000	7.000	−0.294	−2.335	0.104	0.413
BI4	1.000	7.000	−0.627	−4.978	0.479	1.901
LOY3	1.000	7.000	−0.537	−4.265	0.089	0.352
LOY2	1.000	7.000	−0.691	−5.488	0.440	1.747
LOY1	1.000	7.000	−0.481	−3.815	0.210	0.832
CS2	1.000	7.000	−0.796	−6.319	1.449	5.751
CS3	2.000	7.000	−0.614	−4.873	0.027	0.109
CS4	3.000	7.000	−0.440	−3.493	−0.430	−1.707
CS7	3.000	7.000	−0.486	−3.860	−0.171	−0.679

变量	最小值	最大值	skew	显著性检定值	峰度	显著性检定值
CS6	2.000	7.000	−0.494	−3.923	−0.188	−0.745
SC5	2.000	7.000	−0.877	−6.963	0.597	2.368
SC2	1.000	7.000	−0.609	−4.836	−0.270	−1.071
SC3	1.000	7.000	0.074	0.591	−0.758	−3.007
SC1	2.000	7.000	−0.498	−3.951	−0.301	−1.194
BI3	1.000	7.000	−0.362	−2.871	−0.419	−1.662
BI2	2.000	7.000	−0.709	−5.625	0.327	1.298
BI1	2.000	7.000	−0.701	−5.561	0.366	1.451
SQ20	1.000	7.000	−0.914	−7.254	0.772	3.063
SQ19	1.000	7.000	−0.803	−6.376	1.055	4.185
SQ18	2.000	7.000	−0.597	−4.740	−0.055	−0.218
SQ17	2.000	7.000	−0.626	−4.972	−0.071	−0.281
SQ16	3.000	7.000	−0.768	−6.093	0.006	0.026
SQ15	2.000	7.000	−0.750	−5.953	0.529	2.098
SQ14	2.000	7.000	−0.663	−5.259	0.680	2.700
SQ13	2.000	7.000	−0.797	−6.327	0.758	3.009
SQ12	2.000	7.000	−0.860	−6.830	1.474	5.848
SQ11	2.000	7.000	−1.023	−8.123	1.710	6.784
SQ10	2.000	7.000	−0.981	−7.789	0.989	3.927
SQ9	1.000	7.000	−0.913	−7.247	1.179	4.680
SQ8	2.000	7.000	−0.615	−4.881	0.113	0.450
SQ7	1.000	7.000	−0.823	−6.529	0.811	3.218
SQ6	2.000	7.000	−0.996	−7.909	1.310	5.197
SQ5	3.000	7.000	−0.711	−5.644	0.422	1.676
SQ4	3.000	7.000	−0.696	−5.526	0.333	1.322

变量	最小值	最大值	skew	显著性检定值	峰度	显著性检定值
SQ3	2.000	7.000	−0.469	−3.720	0.207	0.820
SQ1	3.000	7.000	−0.540	−4.285	0.053	0.210
					234.563	42.445

资料来源：本研究整理

6.1.5　样本数据多重共线性的检验

多重共线性（Multicollinearity）是指在结构方程模型中，由于解释变量之间存在高度的相关性而使得估计的模型产生误差的情况。通常情况是，由于数据的调研产生的偏差或者问卷设计不当，产生的不同题目指向相同，而引起的自变量之间的相同或相近的问题。对数据共线性的处理一般有相关系数矩阵 R 诊断法、方差膨胀诊断法、容忍值法、多元决定系数值诊断法和条件数与特征分析法等五种检验的方法，本书使用解释变量的相关系数矩阵 R 诊断法来检验自变量之间是否存在多重共线性的问题。根据该方法的要求，如果解释变量之间的相关系数超过0.9，则说明该模型中存在着共线性的问题。如果相关系数大于0.8，则说明模型的分析中可能存在共线性的问题。通过 AMOS 软件对于解释变量之间相关系数的计算，结果显示，解释变量转换成本、品牌形象和服务品质之间的相关系数在0.506 ~ 0.655之间，因此可以判断该模型中不存在严重的共线性问题。

6.1.6　样本数据共同方法变异的检定

在结构方程模型的分析中，可能会存在数据的共同方法变异问题。此问题的出现会极大地影响数据的质量和分析的结果，必须加以控制和预防，将出现此现象的可能性降到最低。

对于共同方法变异产生的可能，常见的来源有 Poddakoff（2003）、Schwarz

等(2008)归纳的几种来源。第一，问卷的表达语意不清楚，出现了题目的歧义；第二，在正向题目的问卷中加入了反向题目，可能会误导被测试者；第三，问卷的引导使得被测试者先入为主，产生了问卷信度的高估；第四，问卷没有中立的选项，使得使得被调查者产生偏离；第五，问卷设置具有较高的一致性，产生了高估的偏差；第六，社会期待的存在，让很多的被调查者会受到社会普遍道德的影响，从而引起回答的偏误问题。

对共同方法变异的问题的解决主要有事前的预防和事后的诊断两种方式，同时，事前的预防是更为重要的。因为如果真的存在共同方法变异的问题，即使事后有侦查的方法，也不能解决问题。因此，重点在调查问卷发放前的预防工作。本研究结合前人的研究，关于事前的预防主要采取了问卷编排设计的方法来进行预防，主要从以下的几个方面开展：第一，不记名地开展问卷的填写，让被采访者没有后顾之忧，放心地填写。本研究的问卷在开头的指导语中就明确地说明了本问卷仅仅限于学术研究，答案没有对错之分，也不记名，让被采访者可以尽量真实的作答；第二，将测试题目的变量名称从问卷中隐去。根据上述的分析，如果在问卷中出现了调查研究的目的性名词，就会对被调查者产生先入为主的引导。因此，本研究的问卷在题目设置的时候只写问卷的名称，而不写具体的研究目的的名称；第三，多渠道的样本数据来源，而不是单一的渠道。如果是单一的渠道来源，可能会产生一些偏差，尤其是在纸本问卷的前提下，被调查者可能会出现随便填涂的现象，从而使得所有的答案都趋于一致性。而多渠道的数据来源可以在一定程度上减少这种同源偏差，从而减少共同方法变异的问题；第四，问卷的题目设计尽量简洁，通俗易懂。问卷题目的设计尽量做到通俗、易于理解，同时，本研究的调研在开展的时候，还会通过访谈和调查员的辅导来帮助被调查者完成问卷的填写，从而尽量减少由于消费者的误解而造成的数据采集错误。

在共同方法变异的事后控制中，本研究采用的是哈门氏单因子分析法，使用的软件是SPSS。该方法是目前检查问卷共同方法变异问题最普遍的统计技术，由 Aderson 等(1997)，Aulakh 等(2000)等提出，将所有的测量题目都输入 SPSS 中，运用主成分分析法，利用最大转轴的方法，来决定所萃取的因子的数目，从而判断共同方法变异的严重程度(见表6-10)。本研究的研究样本数为362，因子分析一共得到了5个主要的方面，解释能力达到了76.367%，并没有发生 Aulakh 等(2000)、Andersson 等(1997)提出的第一类错误，即出现一个因子的情况。因为在未转抽的情况下进行因子分析，如果只出现一个因子，则说明该变量之间很可能存在着共同方法变异的问题。在上述的五个因子中，方差最大的是23.514%，方差最小的是9.864%，平均每个潜变量的解释能力是14.869%，标准差为5.282%。因子的最大解释能力并未比平均解释能力大过两个标准差，即10.564%；同时，最小的因子解释能力与平均解释能力的差的绝对值也没有超过两个标准差。因此，说明六个潜变量中的解释能力相当平均，没有出现 Aulakh 等(2000)、Andersson 等(1997)提出的第二类错误，即大部分的解释方差都集中在同一个因素。综上，可以认为本研究没有共同方法变异的问题或并不严重。

表 6-10　解释的总方差表

成分	初始特征值			提取平方和载入			旋转平方和载入		
	合计	方差的百分比(%)	累积百分比(%)	合计	方差的百分比(%)	累积百分比(%)	合计	方差的百分比(%)	累积百分比(%)
1	9.931	43.180	43.180	9.931	43.180	43.180	5.408	23.514	23.514
2	1.975	8.588	51.767	1.975	8.588	51.767	3.578	15.557	39.071
3	1.578	6.862	58.630	1.578	6.862	58.630	3.153	13.708	52.779
4	1.351	5.873	64.503	1.351	5.873	64.503	2.697	11.724	64.503
5	0.897	3.899	68.402	1.241	4.365	68.868	2.219	9.864	74.367

提取方法：主成分分析

资料来源：本研究整理

6.2　数据的信度和效度分析

　　根据 Hair 等人(2009)提出的标准：第一，因子负荷量要大于0.5；第二，组成信度要大于0.6；第三，平均萃取量要大于0.5。由表6-11可知，所有构面的负荷量 ESTIMTE 均在0.612～0.867之间，其非标准化因子载荷的系数（SMC）都通过了检验，从表6-11可知，p 值都小于0.001，因此达到了显著的水平。组成信度（CR）在0.8～0.880之间，平均萃取量（AVE）在0.501～0.648之间。同时，为了检测问卷的可靠性，使用 Cronbach's α 的系数来测量其内部的一致性程度。从表6-11中可以看到，Cronbach's α 也都大于0.7，说明问卷量表具有较高的一致性和可靠度。

　　从表6-12中我们可以看到，该表中对角线的值为每个潜变量平均萃取量的平方根，根据荣泰生(2009)提出的标准，如果潜变量的平均方差萃取量大于0.5，则说明该潜变量解释了50%以上的方差，证明该模型的内在质量较好。在该表中，所有潜变量构面的平均萃取量在0.501～0.648之间，证明了本模型的内部质量较好。同时，模型中有四个潜变量之间的相关系数均小于其对角线的值，说明其区别效度较好。各个潜变量之间的皮尔逊相关系数都小于0.75，因此本模型没有共线性的问题(只有一处例外情况，即 CS 和 SQ 的相关系数达到了0.873，高于其对角线的值。但是由于这两个变量在模型中处于因果的关系，并不是同属自变量的类别，因此可以视为没有共线性)。经上述的信效度分析，本次问卷具有良好的信效度，因此为下一步进行 SEM 的分析奠定了基础。

表 6-11　信度与收敛效度

			估计值	多元相关平方	显著性水平	重要性比例	平均提取方差值	克朗巴哈系数
BI1	<---	CI	0.722	0.521	***	0.873	0.579	0.867
BI3	<---	CI	0.725	0.526	***			
BI4	<---	CI	0.829	0.687	***			
BI6	<---	CI	0.752	0.566	***			

			估计值	多元相关平方	显著性水平	重要性比例	平均提取方差值	克朗巴哈系数
BI2	<---	CI	0.772	0.596	***			
LOY2	<---	LOY	0.795	0.632	***	0.88	0.648	0.876
LOY1	<---	LOY	0.842	0.709	***			
LOY3	<---	LOY	0.756	0.572	***			
LOY4	<---	LOY	0.824	0.679	***			
SC2	<---	SC	0.782	0.612	***	0.816	0.531	0.811
SC5	<---	SC	0.622	0.387	***			
SC1	<---	SC	0.867	0.752	***			
SC3	<---	SC	0.611	0.373	***			
CS4	<---	CS	0.722	0.521	***	0.864	0.562	0.861
CS3	<---	CS	0.829	0.687	***			
CS2	<---	CS	0.822	0.676	***			
CS7	<---	CS	0.625	0.391	***			
CS6	<---	CS	0.730	0.533	***			
Tangible	<---	SQ	0.828	0.686	***	0.871	0.576	0.865
Reliable	<---	SQ	0.759	0.576	***			
Response	<---	SQ	0.629	0.396	***			
indemnifica	<---	SQ	0.827	0.684	***			
Empathy	<---	SQ	0.733	0.537	***			
SQ1	<---	Tangible	0.755	0.57	***	0.876	0.639	0.872
SQ3	<---	Tangible	0.896	0.803	***			
SQ4	<---	Tangible	0.758	0.575	***			
SQ5	<---	Tangible	0.779	0.607	***			
SQ6	<---	Reliable	0.612	0.375	***	0.8	0.503	0.795
SQ7	<---	Reliable	0.814	0.663	***			
SQ8	<---	Reliable	0.658	0.433	***			

续表 6-11

			估计值	多元相关平方	显著性水平	重要性比例	平均提取方差值	克朗巴哈系数
SQ9	<---	Reliable	0.736	0.542	***			
SQ10	<---	Response	0.765	0.585	***	0.823	0.608	0.817
SQ11	<---	Response	0.772	0.596	***			
SQ12	<---	Response	0.801	0.642	***			
SQ13	<---	Indemnifica	0.642	0.412	***	0.838	0.567	0.834
SQ14	<---	Indemnifica	0.712	0.507	***			
SQ15	<---	Indemnifica	0.786	0.618	***			
SQ16	<---	Indemnifica	0.855	0.731	***			
SQ17	<---	Empathy	0.675	0.456	***	0.808	0.516	0.803
SQ18	<---	Empathy	0.822	0.676	***			
SQ19	<---	Empathy	0.743	0.552	***			
SQ20	<---	Empathy	0.615	0.378	***			

注：*** 表示 $p<0.001$，** 表示 $p<0.01$，* 表示 $p<0.05$

资料来源：本研究整理

表 6-12 潜变量区别效度表

	LOY	CS	SC	BI	SQ
LOY	0.805				
CS	0.583	0.750			
SC	0.665	0.555	0.729		
BI	0.701	0.591	0.506	0.761	
SQ	0.596	0.873	0.621	0.655	0.759

注：对角线上数字为 AVE 之根号值，下三角为皮尔森相关系数

资料来源：本研究整理

6.3　基于结构方程模型的检验

6.3.1　结构方程模型的初构

由本书第4章的分析，可以得知消费者忠诚行为的形成机理的概念模型图。同时，由本书第5章的分析可以得知每一个潜变量的测量题目，对其测量题目在预调查中进行修正，从而可以得到完整的茶叶消费者忠诚行为形成机理的 SEM 图，如图6-1所示。具体而言，忠诚行为模型包含了五个潜变量：忠诚行为、品牌形象、满意度、转换成本和服务品质。其中，服务品质是一个包含了有形性、可靠性、回应性、保障性和移情性五个潜变量的二阶构面。由于在预调查中题目的修正和删减，全模型的正式测量题目一共有37个，用矩形框表示。

6.3.2　结构方程模型的检定力检验

在6.3.1节中，进行了结构方程模型的初构，建立了忠诚行为的 SEM 模型。在本节中，将对上节建立的模型的鉴定力做检验，使用的方法是 R 语言。根据 MacCallum 等(1996)提出的方法，由多个值来决定，分别是样本数(N)、型1错误(α)、模型的自由度(df)、RMSEA (近似误差均方根)的值，通过 R 语言的程序来实现。如果鉴定的统计力为1，则表明本研究的结果正确性很高，对研究结论非常有信心。因此，本研究是在较谨慎和较宽松的情况下，鉴定两个模型得到正确结论的可能性。对于忠诚行为检定力检验，在95% 的置信区间下，对于自由度是617的模型，调研的正式样本为362个，则在较 RMSEA = 0.08和 RMSEA = 0.01，模型的鉴定力均为1，说明该模型的质量较高。结果显示为研究的模型是对的，得到正确结论的概率很高。

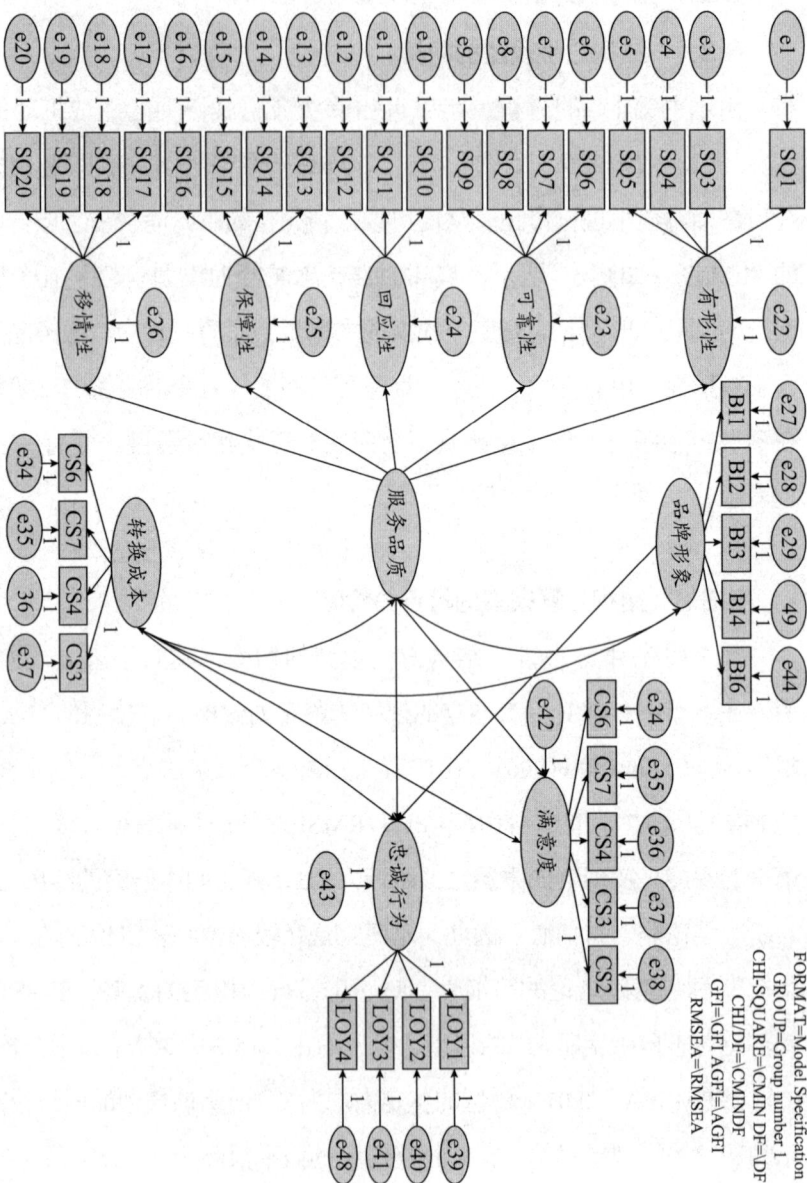

图 6-1 忠诚行为初构 SEM 图

6.3.3 结构方程模型的修正

为了研究消费者忠诚行为的形成机理，不仅要检验方程中的各个观测题目，还需要检验竞争模型，对其形成机理的不同路径关系进行优选，以达到最佳的拟合度的模型，从而确定为消费者忠诚行为的最终研究模型。

本节将利用结构方程模型中的竞争模型对比功能，利用拟合度的参数指标，对忠诚行为模型进行选择，最终确定最合理的路径关系。对于态度忠诚行为模型而言，根据不同的路径系数，一共计算出来56种不同的模型结构，从竞争模型的配适度来看，第49个模型最好，因此选为最终的模型进行计算。其中，其参数总数为88个，自由度为615，BCC 0为0，BIC 0为8.435，C/DF为1.643，p值为0，均符合要求和规范。同时，第49个模型的结构与在6.3.1节中结构方程模型的初构的模型类似，说明在6.3.1节中初构的模型结构基本合理，可以带入下一步进行计算分析，其具体的结构见图6-2。

表6-13 忠诚行为的竞争模型

模型	名称	参数	自由度	最小卡方值	C-DF	BCC 0	BIC 0	C/DF	p
1	Default model	82	621	1 574.00	953.02	551.58	536.41	2.54	0
2	Default model	83	620	1 243.00	623.03	222.59	211.35	2.01	0
3	Default model	83	620	1 379.30	759.33	358.89	347.65	2.23	0
4	Default model	83	620	1 422.90	802.91	402.47	391.23	2.30	0
5	Default model	83	620	1 430.30	810.27	409.83	398.59	2.31	0
6	Default model	83	620	1 439.60	819.55	419.11	407.87	2.32	0
7	Default model	83	620	1 440.40	820.44	420.01	408.77	2.32	0
8	Default model	83	620	1 455.60	835.55	435.11	423.87	2.35	0
9	Default model	84	619	1 037.30	418.27	18.83	11.53	1.68	0
10	Default model	84	619	1 051.10	432.10	32.66	25.36	1.70	0
11	Default model	84	619	1 106.00	487.01	87.58	80.27	1.79	0
12	Default model	84	619	1 123.20	504.22	104.78	97.48	1.82	0

续表 6-13

模型	名称	参数	自由度	最小卡方值	C-DF	BCC 0	BIC 0	C/DF	p
13	Default model	84	619	1 233.70	614.74	215.30	208.00	1.99	0
14	Default model	84	619	1 239.90	620.95	221.51	214.21	2.00	0
15	Default model	84	619	1 241.60	622.58	223.14	215.83	2.01	0
16	Default model	84	619	1 242.90	623.91	224.48	217.17	2.01	0
17	Default model	84	619	1 244.00	625.00	225.56	218.26	2.01	0
18	Default model	84	619	1 259.10	640.10	240.66	233.36	2.03	0
19	Default model	85	618	1 019.80	401.81	3.37	0	1.65	0
20	Default model	85	618	1 026.00	408.05	9.61	6.24	1.66	0
21	Default model	85	618	1 033.80	415.83	17.39	14.02	1.67	0
22	Default model	85	618	1 035.50	417.55	19.11	15.74	1.68	0
23	Default model	85	618	1 036.20	418.22	19.78	16.41	1.68	0
24	Default model	85	618	1 037.20	419.24	20.80	17.43	1.68	0
25	Default model	85	618	1 040.00	421.99	23.55	20.18	1.68	0
26	Default model	85	618	1 043.70	425.71	27.27	23.91	1.69	0
27	Default model	85	618	1 050.50	432.47	34.03	30.66	1.70	0
28	Default model	85	618	1 059.10	441.05	42.61	39.24	1.71	0
29	Default model	86	617	1 016.10	399.13	1.69	2.25	1.65	0
30	Default model	86	617	1 016.70	399.71	2.27	2.83	1.65	0
31	Default model	86	617	1 017.10	400.11	2.67	3.24	1.65	0
32	Default model	86	617	1 017.80	400.80	3.37	3.93	1.65	0
33	Default model	86	617	1 019.80	402.81	5.37	5.93	1.65	0
34	Default model	86	617	1 024.10	407.09	9.65	10.22	1.66	0
35	Default model	86	617	1 025.50	408.52	11.08	11.65	1.66	0
36	Default model	86	617	1 031.40	414.41	16.97	17.53	1.67	0
37	Default model	86	617	1 032.60	415.59	18.16	18.72	1.67	0

模型	名称	参数	自由度	最小卡方值	C-DF	BCC 0	BIC 0	C/DF	p
38	Default model	86	617	1 032.90	415.95	18.51	19.08	1.67	0
39	Default model	87	616	1 013.00	396.97	0.53	5.03	1.64	0
40	Default model	87	616	1 013.40	397.44	1.00	5.50	1.65	0
41	Default model	87	616	1 014.70	398.74	2.30	6.80	1.65	0
42	Default model	87	616	1 014.80	398.80	2.36	6.86	1.65	0
43	Default model	87	616	1 016.10	400.08	3.64	8.14	1.65	0
44	Default model	87	616	1 016.70	400.71	4.27	8.77	1.65	0
45	Default model	87	616	1 017.10	401.08	4.64	9.14	1.65	0
46	Default model	87	616	1 017.70	401.73	5.29	9.80	1.65	0
47	Default model	87	616	1 023.60	407.59	11.15	15.65	1.66	0
48	Default model	87	616	1 028.20	412.22	15.78	20.28	1.67	0
49	Default model	88	615	1 010.40	395.44	0	8.44	1.64	0
50	Default model	88	615	1 012.90	397.92	2.48	10.91	1.65	0
51	Default model	88	615	1 013.30	398.34	2.90	11.34	1.65	0
52	Default model	88	615	1 014.70	399.71	4.27	12.71	1.65	0
53	Default model	88	615	1 014.70	399.74	4.30	12.73	1.65	0
54	Default model	88	615	1 028.10	413.12	17.69	26.12	1.67	0
55	Default model	88	615	1 146.30	531.34	135.90	144.34	1.86	0
56	Default model	89	614	1 010.30	396.34	1.91	14.28	1.65	0
Sat	[Saturated]	703	0	0	0	219.56	357.44	2648	

资料来源：本研究整理

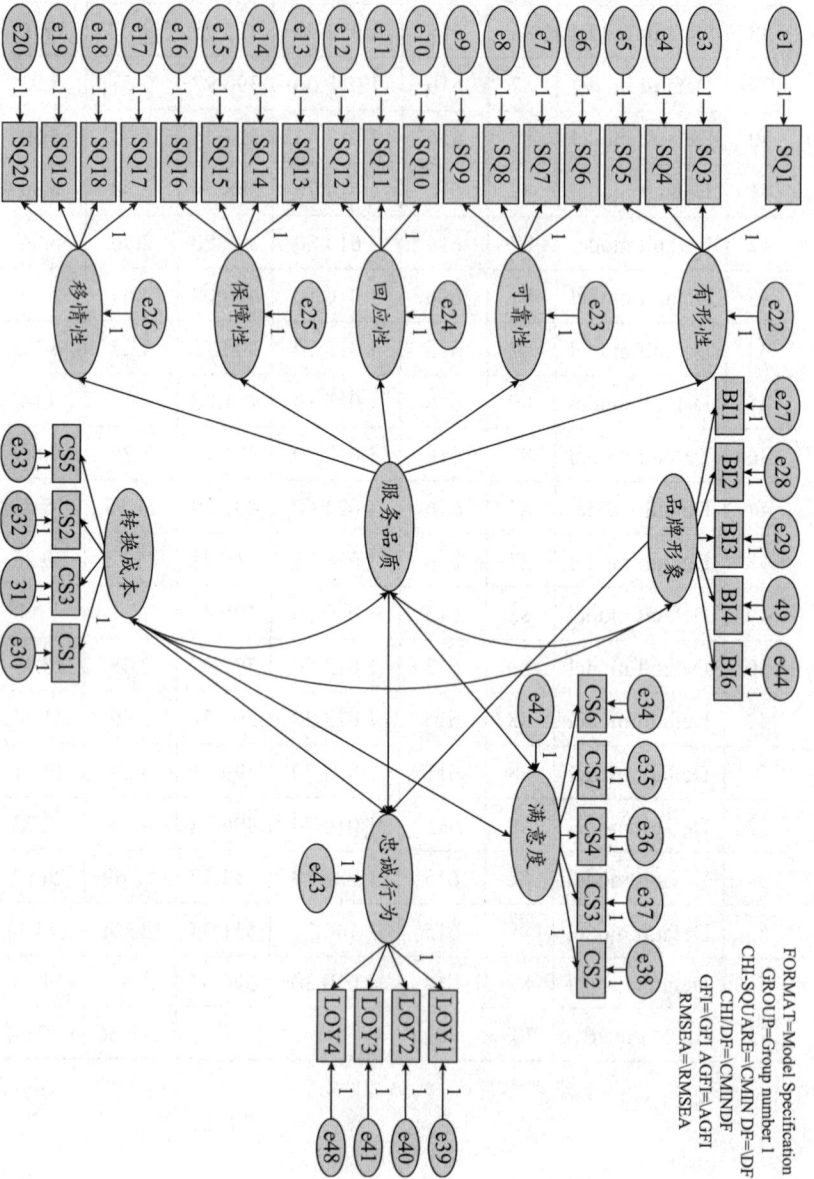

图 6-2 忠诚行为最终检验 SEM 图

FORMAT=Model Specification
GROUP=Group number 1
CHI-SQUARE=\CMIN DF=\DF
CHI/DF=\CMINDF
GFI=\GFI AGFI=\AGFI
RMSEA=\RMSEA

6.3.4 结构方程模型路径系数的确定

根据本书第4章的研究假设，共分三类。第一类为忠诚行为中的路径系数显著性检验，一共包含了7个方面的假设，具体情况如下：

H1a：在品牌茶叶的消费过程中，服务品质对满意度具有显著正向影响。

H1b：在品牌茶叶的消费过程中，服务品质对忠诚行为具有显著正向影响。

H2a：在品牌茶叶的消费过程中，品牌形象对满意度具有显著正向影响。

H2b：在品牌茶叶的消费过程中，品牌形象对忠诚行为具有显著正向影响。

H3a：在品牌茶叶的消费过程中，转换成本对满意度具有显著正向影响。

H3b：在品牌茶叶的消费过程中，转换成本对忠诚行为具有显著正向影响。

H4a：在品牌茶叶的消费过程中，满意度对忠诚行为具有显著正向影响。

由模型的计算结果可知（见表6-14），该模型的方差为1 010.439，自由度为615，方差与自由度之比为1.643。GFI和AGFI均在0.8以上，RMSEA在0.05以内，说明该方程的配适度较好。从路径系数的数值来看，大部分的路径系数都呈显著，其中转换成本对于满意度的系数 p 值为0.084，未达显著。因此，假设H3a不成立。同样的，在竞争模型的选择中，品牌形象对于满意度的系数也未达显著，假设H2a也不成立。品牌形象对忠诚行为的 p 值为0.037，服务品质对忠诚行为的 p 值为0.037，其余假设的路径系数 p 值都小于0.001，都达到了统计意义上的显著。因此，假设H1a、H1b、H2b、H3b和H4a等假设均成立。

表6-14 忠诚行为模型主要配适度表

配适度指标	理想标准	忠诚行为模型
卡方值	越小越好	1 010.439
自由度 / 卡方	1.3	1.643
GFI	大于 0.9	0.868
AGFI	大于 0.9	0.849
RMSEA	小于 0.8	0.041

资料来源：本研究整理

在服务品质的影响因素中，五个维度的影响程度各不相同。从标准化系数来看，对服务品质影响程度最大的是保障性，系数达到了0.938。可靠性的影响程度次之，达到了0.877。回应性和移情性的影响程度分别达到了0.854和0.864，最不重要的是有形性，系数为0.792（见表6-15）。

表6-15　忠诚行为模型参数显著性估计系数表

			非标准化系数	标准误差	重要性比例	标准化系数	显著性检定值
满意度	<---	服务品质	1.054	0.111	9.471	0.825	***
满意度	<---	转换成本	0.066	0.038	1.731	0.091	0.084
有形性	<---	服务品质	1			0.792	
可靠性	<---	服务品质	1.017	0.099	10.287	0.877	***
回应性	<---	服务品质	1.317	0.112	11.788	0.854	***
保障性	<---	服务品质	1.232	0.11	11.242	0.938	***
移情性	<---	服务品质	1.188	0.112	10.607	0.864	***
忠诚行为	<---	满意度	0.276	0.057	4.728	0.206	***
忠诚行为	<---	品牌形象	0.143	0.068	2.085	0.130	0.037
忠诚行为	<---	转换成本	0.243	0.059	4.134	0.248	***
忠诚行为	<---	服务品质	0.495	0.237	2.087	0.289	0.037
SQ1	<---	有形性	1			0.783	
SQ3	<---	有形性	0.845	0.07	12.034	0.616	***
SQ4	<---	有形性	1.082	0.062	17.511	0.855	***
SQ5	<---	有形性	1.095	0.062	17.608	0.853	***
SQ6	<---	可靠性	1			0.671	
SQ7	<---	可靠性	1.391	0.112	12.364	0.756	***
SQ8	<---	可靠性	1.234	0.106	11.675	0.72	***
SQ9	<---	可靠性	1.206	0.108	11.122	0.677	***
SQ10	<---	回应性	1			0.795	
SQ11	<---	回应性	0.958	0.062	15.539	0.779	***
SQ12	<---	回应性	0.811	0.06	13.571	0.717	***

			非标准化系数	标准误差	重要性比例	标准化系数	显著性检定值
SQ13	<---	保障性	1			0.687	
SQ14	<---	保障性	1.013	0.077	13.14	0.745	***
SQ15	<---	保障性	1.036	0.08	12.865	0.733	***
SQ16	<---	保障性	1.103	0.082	13.49	0.786	***
SQ17	<---	移情性	1			0.696	
SQ18	<---	移情性	1.053	0.081	12.918	0.748	***
SQ19	<---	移情性	1.041	0.08	12.996	0.768	***
SQ20	<---	移情性	1.176	0.099	11.887	0.683	***
BI1	<---	品牌形象	1			0.821	
BI2	<---	品牌形象	1.025	0.058	17.706	0.798	***
BI3	<---	品牌形象	1.137	0.064	17.877	0.816	***
SC1	<---	转换成本	1			0.748	
SC3	<---	转换成本	0.995	0.094	10.636	0.606	***
SC2	<---	转换成本	1.117	0.081	13.749	0.788	***
SC5	<---	转换成本	0.916	0.071	12.906	0.733	***
CS6	<---	满意度	1			0.652	
CS7	<---	满意度	1.102	0.087	12.638	0.764	***
CS4	<---	满意度	1.045	0.091	11.486	0.692	***
CS3	<---	满意度	1.053	0.091	11.622	0.708	***
CS2	<---	满意度	1.042	0.089	11.76	0.714	***
LOYBL1	<---	忠诚行为	1			0.798	
LOYBL2	<---	忠诚行为	1.039	0.059	17.564	0.827	***
LOYBL3	<---	忠诚行为	1.102	0.063	17.517	0.838	***
LOYBL4	<---	忠诚行为	0.806	0.056	14.365	0.717	***
BI4	<---	品牌形象	1.033	0.057	18.013	0.818	***
BI6	<---	品牌形象	0.933	0.067	13.866	0.677	***

资料来源：本研究整理

消费者的满意度、品牌的形象、转换成本和服务质量对于消费者忠诚行为的影响还可以用权重的分析来测算。对于服务品质而言，其对于忠诚行为既有直接效应，又有间接效应，其总效应为0.459。对于消费者的满意度、品牌的形象、转换成本而言，他们对于忠诚行为没有间接效应，只有直接效应，其系数分别为0.206、0.130和0.248，其总效应的数值与直接效应的值一样。因此，从总效应的影响程度上看，对于忠诚行为影响从大到小分别是服务质量、转换成本、消费者满意度和品牌的形象（见表6-16）。

表6-16　各因素对忠诚行为的影响因素（标准化系数）

路径	直接效应	间接效应	总效应
忠诚行为 <--- 服务品质	0.289	0.170	0.459
忠诚行为 <--- 品牌形象	0.130	0	0.130
忠诚行为 <--- 满意度	0.206	0	0.206
忠诚行为 <--- 转换成本	0.248	0	0.248

资料来源：本研究整理

6.4　本章小结

本章基于上个章节对调查问卷的预调查和修订，展开了大规模的正式调研。在对研究样本特征进行描述性统计分析之后，本章对结构方程模型进行了正态性检定、检定力检验、信度和效度分析等。结果显示，数据的质量较好，本次问卷具有良好的信效度，为SEM的分析奠定了基础。

在检验结果方面，在服务品质的影响因素中，五个维度的影响程度各不相同。从标准化系数来看，对服务品质影响程度最大的是保障性，其次是可靠性、移情性、回应性和有形性。对于忠诚行为影响因素的大小分别是服务质量、转换成本、消费者满意度和品牌的形象，假设H1a、H1b、H2b、H3b和H4a等假设均成立。而品牌形象、转换成本对于满意度的系数未达显著，假设H2a和H3a不成立。

第7章 品牌茶叶消费者忠诚行为形成过程的中介效应与调节效应分析

本章将对于上面章节所提出的忠诚行为形成的中介效应、调节效应假设进行检验。在中介效应的验证中，有 Baron 等(1986)提出的因果法，也有 Soble (1982)提出的检验方法，利用计算 Z 统计量的显著性来判断中介效应是否存在。如果 Z 统计量的绝对值大于1.96，则中介效应存在。反之则不存在。但是 Soble (1982)的方法也有自身的缺陷，如果间接效应的样本分布是非对称分布，则检验的结果往往不准确。因此，目前中介效应检验较准确的方法是信赖区间法(Bootstrap Distribution of Effects)，因此，本章将应用此方法对于该模型的中介效应进行检验。该方法由 MacKinnon (2008)提出，假设 Bootstrap 使用不断抽出、放回的方式，做2 000次，得到和样本同等数量的新样本带入计算。利用 Bootstrap 区间估计的方法计算总效应、直接效应和间接效应的区间值，根据该区间值含不含0来判断相应的效应是否显著，从而判断该效应是否存在。在调节效应中，本章主要采用 Altman D G 等(2003)提出的异质性检定的方法，对消费者的不同的饮茶特征、人口统计特征，对微营销的特征进行检验。

7.1　品牌茶叶消费者忠诚行为的中介效应检验

7.1.1　满意度作为服务品质和忠诚行为的中介效应检验

满意度、服务品质和忠诚行为的关系如图7-1所示，在本节中，将着重检验他们的中介效应。如表7-1所示，对于间接效应，在95%置信水平下的Bias-corrected方法的置信区间为0.384～0.963，Percentile方法的置信区间为0.375～0.939，均不包含0，说明间接效应显著；对于直接效应，在95%置信水平下的Bias-corrected方法的置信区间为0.273～0.879，Percentile方法的置信区间为0.269～0.867，均不包含0，说明直接效应显著；总效应的Bias-corrected区间和Percentile区间都不包含0，说明总效应显著；综上，在忠诚行为的模型中，服务品质到忠诚行为是部分中介效果。因此，第4章中的假设"H4c：满意度在服务质量和忠诚行为间具有中介效应"是成立的。

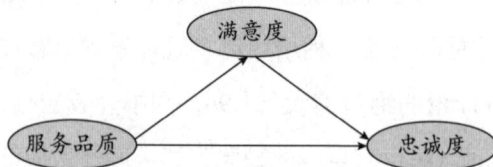

图7-1　满意度作为服务品质和忠诚行为的中介变量的模型

表7-1　服务品质到忠诚行为的中介作用汇总表

				自扩展技术算法			
				偏差校正95%的置信区间		百分位95%的置信区间	
				较低值	较高值	较低值	较高值
忠诚行为	<---	服务品质	总效应	0.465	1.125	0.452	1.108
忠诚行为	<---	服务品质	间接效应	0.384	0.963	0.375	0.939
忠诚行为	<---	服务品质	直接效应	0.273	0.879	0.269	0.867

资料来源：本研究整理

7.1.2　满意度作为品牌形象和忠诚行为的中介效应检验

满意度、品牌形象和忠诚行为的关系如图7-2所示，在本节中，将着重检验他们的中介效应。如表7-2所示，对于间接效应，在95% 置信水平下的 Bias-corrected 方法的置信区间为 −0.066 ~ 0.082，Percentile 方法的置信区间为 −0.071 ~ 0.076，均包含0，说明间接效应不显著；对于直接效应，在95% 置信水平下的 Bias-corrected 方法的置信区间为0.029 ~ 0.371，Percentile 方法的置信区间为0.028 ~ 0.370，都不包含0，说明直接效应显著；总效应在95% 置信水平下的 Bias-corrected 方法的置信区间为0.038 ~ 0.381，Percentile 方法的置信区间为0.032 ~ 0.375，都不包含0，说明总效应显著；综上，在忠诚行为的模型中，品牌形象对于忠诚行为的中介作用不存在。因此，第4章中的假设 "H4b：满意度在品牌形象和忠诚行为间具有中介效应" 不成立。

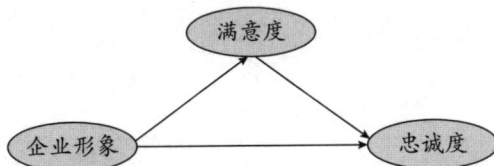

图 7-2　满意度作为品牌形象和忠诚行为的中介变量的模型

表 7-2　品牌形象到忠诚行为的中介作用汇总表

				中介作用			
				偏差校正 95% 的置信区间		百分位 95% 的置信区间	
				较低值	较高值	较低值	较高值
忠诚行为	<---	品牌形象	总效应	0.038	0.381	0.032	0.375
忠诚为	<---	品牌形象	间接效应	−0.066	0.082	−0.071	0.076
忠诚行为	<---	品牌形象	直接效应	0.029	0.371	0.028	0.370

资料来源：本研究整理

7.1.3 满意度作为转换成本和忠诚行为的中介效应检验

满意度、转换成本和忠诚行为的关系如图7-3所示，在本节中，将着重检验他们的中介效应。如表7-3所示，对于间接效应，在95%置信水平下的Bias-corrected方法的置信区间为 −0.020 ~ 0.105，Percentile方法的置信区间为 −0.022 ~ 0.103，均包含0，说明间接效应不显著；对于直接效应，在95%置信水平下的Bias-corrected方法的置信区间为0.111 ~ 0.425，Percentile方法的置信区间为0.110 ~ 0.423，都不包含0，说明直接效应显著；总效应在95%置信水平下的Bias-corrected方法的置信区间为0.162 ~ 0.447，Percentile方法的置信区间为0.159 ~ 0.446，都不包含0，说明总效应显著；综上，在忠诚行为的模型中，转换成本对于忠诚行为的中介作用不存在。因此，第4章中的假设"H4d：满意度在转换成本和忠诚行为间具有中介效应"不成立。

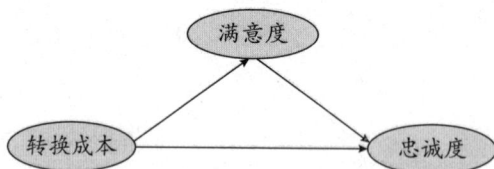

图 7-3 满意度作为转换成本和忠诚行为的中介变量的模型

表 7-3 转换成本到忠诚行为的中介作用汇总表

				中介作用			
				偏差校正 95% 的置信区间		百分位 95% 的置信区间	
				较低值	较高值	较低值	较高值
忠诚行为	<---	转换成本	总效应	0.162	0.447	0.159	0.446
忠诚行为	<---	转换成本	间接效应	−0.02	0.105	−0.022	0.103
忠诚行为	<---	转换成本	直接效应	0.111	0.425	0.110	0.423

资料来源：本研究整理

7.2 品牌茶叶消费者忠诚行为形成过程中的调节效应检验

在第4章中，本书提出，在研究茶叶消费的过程中，必须把消费者的个人特征纳入考量因素之中。通过设置消费者特征的调节效应检验来证明不同茶叶消费者特征在忠诚行为形成过程中的角色和作用。具体选择了消费者的性别、年龄、可支配收入、受教育程度等变量纳入模型中进行考虑，尤其是结合茶叶消费的特点，加入了消费者的饮茶年限、购茶用途、是否接受茶叶的微营销和是否接受茶叶店的 O2O 营销等特色变量指标。在调节路径上，因为本书的研究目的和重点在于茶叶品牌的连锁门店消费者忠诚行为的形成，其特点区别于普通的商品流通企业、旅游业和餐饮业等等。其特别强调在顾客的接待过程中茶的文化的体验、茶的意境的传达和茶的涵义的遐想。相对于茶叶连锁门店相同于其他企业的品牌形象和转换成本以外，其独特点就在于茶叶产品的服务营销和体验营销。同时，由于上一章的实证检验结果可知，在忠诚行为的形成过程中，按照重要性程度来排列，分别是服务品质、满意度、转换成本和品牌形象，从影响因素的大小来看，关键因素在于服务的品质对于忠诚行为的影响。因此，本研究鉴于研究的经费限制、研究的特色和研究的重要性程度，只选取了茶叶消费者特征对于服务品质到忠诚行为之间的路径的调节效应进行检验，具体建立的假设如下：

H5a：茶叶消费者的性别在服务品质与忠诚行为之间具有显著正向调节效应。

H5b：茶叶消费者的年龄在服务品质与忠诚行为之间具有显著负向调节效应。

H5c：茶叶消费者的收入在服务品质与忠诚行为之间具有显著正向调节效应。

H5d：茶叶消费者受教育程度在服务与忠诚行为之间具有显著正向调节效应。

H5e：茶叶消费者的购茶用途在服务与忠诚行为之间具有显著正向调节效应。

H5f：茶叶消费者的饮茶年限在服务与忠诚行为之间具有显著负向调节效应。

H5g：茶叶消费者微营销接受在服务与忠诚行为之间具有显著正向调节效应。

H5h：茶叶消费者 O2O 接受在服务与忠诚行为之间具有显著正向调节效应。

前文已经检验了服务品质到忠诚行为的中介效应的存在，即服务品质会通过消费者的满意度而形成忠诚行为。其对于忠诚行为既有直接作用的影响，又有间接作用的影响。上一章的中介效果证明了消费者心理变化过程，先有满意，然后才会产生忠诚行为。由于本书的研究对象是茶叶的连锁门店，和其他的零售业相比，更加注重服务行销、体验行销等方面。因此，本章特别检验服务到忠诚行为的调节效应。由于在上一章已经证明了服务到忠诚行为具有中介效应，因此本章的调节效应便不再是单纯的调节效应，而是一种又有中介，又有调节的双重效应，被称为具有调节的中介效应（Moderated Mediation），X 是自变量，Y 是因变量，M 是具有中介效应的变量，Z 是具有调节效应的变量。

X 对于 M 的影响系数达到了 a_{X5}，X 对于 Y 的直接影响系数达到了 b_{X10}，M 对于 Y 的直接影响系数为 b_{M10}，而 Z 通过调节效应来影响 X 到 Y 的中介效应。具体的模型如图7-4所示。

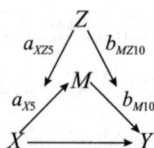

图7-4 具有调节的中介效应图

当间接效应依赖于某个变量或者中介效果依赖于某个干扰变量的时候，这种调节的中介效应就会出现。本研究检验的方法不是用 Cohen（2003）提出的，通常用来检验调节效应的阶层式回归，通过 R 平方的显著性来判断的方法，而是采用 Altman D G 和 Bland J M（2003）提出的异质性检定的方法（heterogeneity test）。这种方法要先计算出不同的干扰群组下的间接效果的系数，然后求出对应的标准误平方和的算术平方根，最后通过这二者相除得到 Z 的值，通过 Z 值的绝对值是否大于1.96来判断二者之间是否具有被调节的干扰效应。具体的计算公式如下：

$$d = E_1 - E_2 \tag{7-1}$$

$$SE(d) = \sqrt{[SE(E_1)^2 + SE(E_2)^2]} \tag{7-2}$$

$$z = d/SE(d) \tag{7-3}$$

$$d - 1.96SE(d) \text{ to } d + 1.96SE(d) \tag{7-4}$$

式（7-1）：两个估计量 E_1 与 E_2 的差值；式（7-2）：两个估计量 E_1 与 E_2 的差

值的标准误差：两个估计量 E_1 与 E_2 的标准误差的平方和的平方根；式（7-3）：z 值的计算：两个估计量 E_1 与 E_2 的差值与其标准误差的比值（通过 z 值是否大于 1.96 来判断是否显著）；式（7-4）：两个估计量 E_1 与 E_2 的差值的 95% 水平的置信区间。

7.2.1 茶叶消费者人口统计特征对忠诚行为的调节效应

第一，性别方面。性别对于服务到忠诚行为调节模型如图 7-5。这是一种既有中介、又有调节的双重效应，被称为具有调节的中介效应，具体的检验方法用 Altman 等（2003）提出的异质性检定的方法（与上文相同，不再重复）。通过 bootstrap 方法比较发现，女性组的间接效果是 0.486，高于男性组的 0.135，说明女性组更容易在接受服务后形成忠诚行为，女生组的标准误是 0.13，男生组的标准误是 0.162，其二者之间的差异 Z 值的绝对值为 1.6898，小于 1.96。所以性别干扰满意度中介：服务品质到忠诚行为的作用不存在。即被干扰的中介效果不存在。因此，性别的两个群组的差异并不明显，原假设 H5a 不成立。

第二，收入方面。从第 6 章对收入进行的描述统计可知，收入分为六个大类。按照 AMOS 对于分类变量的干扰要求来说，要分为高低的两组，分别代入 SPSS 做回归分析。根据 Cureton E E（1957）所提出的标准，当把一个群组进行分类的时候，应该采用 27% 和 73% 得分位数对样本进行切割。如果再把标准放宽一点，可以放宽到 29%~30% 之间。按照样本的累积分布图可知，样本的前 42.0% 定义为第一组，即低收入组，包含了 2 000 元和 2 000~4 000 元的组别，样本在累积频率 81.5% 及以上定义为第二组，即高收入组，包含了 6 000~8 000、8 000~10 000 元和 10 000 元以上的组别。

收入对于服务到忠诚行为调节模型如图 7-6。这是一种具有调节作用的中介效应，具体的检验方法是异质性检定的方法。通过 bootstrap 方法比较发现，低收入组的间接效果非标准化系数为 0.21，而高收入组为 0.443。从斜率的大小来分析，高收入组的忠诚行为形成倾向较高，而低收入组可能由于价格等原因而忠诚行为偏低。但是从区别显著性上看，低收入组的标准误是0.302，而高收入组的标准误是0.443，其 Z 值的绝对值为0.578，小于1.96。说明收入的两个群组的差异并不明显，即被干扰的中介效果不存在。因此，原假设 H5c 不成立。

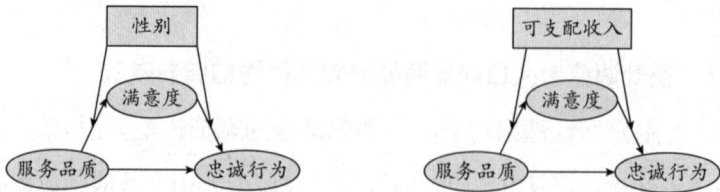

图7-5　性别对于服务到忠诚行为的调节模型　图7-6　收入对于服务到忠诚行为的调节模型

第三，年龄方面。从第6章对年龄进行的描述统计可知，年龄分为六个大类。按照 AMOS 对于分类变量的干扰要求来说，要分为高低的两组，分别带入 SPSS 做回归分析。按照样本的累积分布图可知，样本的前35.9%定义为第一组，即低龄组 b1，包含了20岁以下和20～30岁两个年龄段的组别，样本在累积频率74.6%及以上定义为第二组，即高龄组 b2，包含了41～50岁和51～60岁和61岁以上的三个组别。

年龄对于服务到忠诚行为调节模型如图7-7。通过 bootstrap 方法比较发现，低龄组的间接效果是0.396，高于高龄组的0.128，说明低龄组更容易在接受服务后形成态度忠诚行为。但是从区别显著性上看，低龄组的标准误是0.157，高龄组的标准误是0.209，Z 值的绝对值为1.025 2，小于1.96。说明年龄的两个群组的差异并不明显，即被干扰的中介效果不存在。因此，原假设 H5b 不成立。

第四，受教育程度方面。从第6章中对教育程度进行的描述统计可知，受教育程度分为四个大类。按照 AMOS 对于分类变量的干扰要求来说，要分为高低两组，分别代入 SPSS 做回归分析。按照样本的累积分布图可知，样本的前28.5%定义为第一组，即受教育较低组 b1，包含了受教育程度在初中以下的组别，样本在累积频率63.6%以上定义为第二组，即受教育较高组 b2，包含了大专 / 本科和硕士及以上的两个组别。

受教育程度对于服务到忠诚行为调节模型如图7-8。通过bootstrap方法比较发现，受教育较低组b1的间接效果是0.254，低于受教育较高组b2的间接效果是0.336，说明受教育较高的人群更容易在接受服务后形成忠诚行为。但是从区别显著性上看，受教育程度较低组b1的标准误为0.269，而受教育程度较高组b2的标准误为0.310，Z值的绝对值为0.199，小于1.96。说明受教育程度的两个群组的差异并不明显，即被干扰的中介效果不存在。因此，原假设H5d不成立。

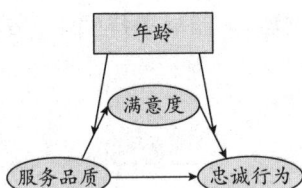

图 7-7　年龄对于服务到忠诚行为的
　　　　调节模型

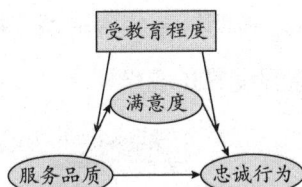

图 7-8　受教育程度对于服务到忠诚行为的
　　　　调节模型

7.2.2　消费者饮茶特征对忠诚行为的调节效应

第一，买茶用途方面。买茶用途对于服务到忠诚行为调节模型如图7-9。按照买茶是给自己用还是给别人用分为两个组别：b1为自用组，b2为送别人组。研究发现，送别人更倾向于达到忠诚行为，系数为0.827，远大于自用组的0.183。因为送给别人组的标准误为0.201，而自用组的标准误为0.144，其Z值的绝对值为2.605，大于1.96。所以用途干扰满意度中介：服务品质到忠诚行为的作用存在。即被干扰的中介效果存在。即认为如果顾客的买茶用途是送人的话，其容易被店里面的服务所打动，从而形成忠诚行为。因此，原假设H5e成立。

第二，对于饮茶年限方面。从第6章中对饮茶年限进行的描述统计可知，饮茶年限是连续性变量。按照AMOS对于分类变量的干扰要求来说，要分为高低两组，分别代入SPSS做回归分析。按照样本的累积分布图可知，样本的前27.4%定义为第一组，即饮茶较少组 b1，包含了3年以下的饮茶的组别，样本在累积频率72.1%以上定义为第二组，即较多饮茶组 b2，包含了饮茶9年以上的所有组别。

饮茶年限对于服务到忠诚行为调节模型如图7-10。通过 bootstrap 方法发现，饮茶较少组 b1 的系数是0.621，高于较多饮茶组 b2 的0.112，说明饮茶较少组 b1 更容易在接受服务后形成忠诚行为。从区别显著性上看，饮茶较少组的标准误为0.126，而饮茶较多组的标准误为0.184，其 Z 值的绝对值为2.282，大于1.96。说明饮茶年限的两个群组的差异明显，即被干扰的中介效果存在。因此，原假设 H5f 成立。

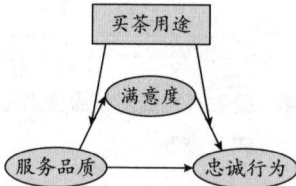

图7-9 买茶用途对于服务到忠诚行为的
调节模型

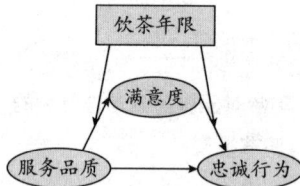

图7-10 饮茶年限对于服务到忠诚行为的
调节模型

7.2.3 茶叶新营销方式对忠诚行为的调节效应

第一，对于微营销方面。参与微营销对于服务到忠诚行为调节模型如图7-11。b1 是不参与微营销的组别，其系数是0.194；b2 参与微营销的组别，其系数是0.721。可见参加微营销能够让消费者更深入介入品牌，从而形成较高的忠诚行为。不参与微营销的标准误为0.163，而参与微营销的组别的标准误为0.183，他们的差异系数 Z 值达到了2.15，具有显著性，说明参与微营销的客户显著区别于不参加微营销的组，更容易通过服务品质形成满意度，从而形成忠诚行为。因此，原假设 H5g 成立。

第二，对于 O2O 营销方面。参与 O2O 营销对于服务到忠诚行为调节模型如图7-12。b1 是不参与 O2O 营销，其系数是0.218；b2 是参与 O2O 营销的组别，其系数是0.857。参与其营销的组别的标准误为0.181，而不参与其营销的组别的标准误为 0.115，他们的差异系数 Z 值达到了 2.97，具有显著性，说明参与 O2O 营销的客户更容易通过服务品质形成满意度，从而形成忠诚行为。两个群组的差异明显，即被干扰的中介效果存在。因此，原假设 H5h 成立。

图 7-11　接受微营销对于服务到忠诚行为的调节模型　　图 7-12　接受 O2O 营销对于服务到忠诚行为的调节模型

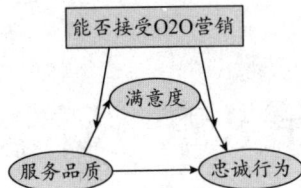

7.3　本章小结

基于上一章对正式调研数据质量的检验和结构方程模型的检验，本章对第 4 章所提出的忠诚行为形成的中介效应假设进行检验。使用的是由 Mac Kinnon（2008）提出信赖区间法（bootstrap distribution of Effects）。通过相应的分析，结果发现，在忠诚行为的模型中，满意度在服务质量和忠诚行为间具有中介效应，而满意度在品牌形象和忠诚行为、转换成本和忠诚行为之间没有中介效应。综上，第 4 章提出的假设 H4c 成立，而假设 H4b 和 H4d 不成立。

在调节效应的研究中，本章把消费者的个人特征纳入考量因素之中。通过设置消费者特征的调节效应检验，来证明不同茶叶消费者特征在忠诚行为形成过程中的角色和作用。重点选取了茶叶消费者特征对服务品质到忠诚行为之间的路径的调节效应检验，通过异质性检定来判断相应的调节效应是否显著。研究发现：通过检验的假设是 H5e、H5f、H5g、H5h，分别对应了在消费者的人口统计变量中的买茶用途，消费者饮茶特征中的饮茶年限和茶叶新营销方式中的参与微营销、参与 O2O 营销是有显著差异的，在不同的消费人群的区分度较高，而其他的特征的假设是 H5a、H5b、H5c、H5d，在统计意义上区分度不明显，没有通过检验。

第8章 研究结论与对策建议

本章为全书的总结性章节，通过上述章节的分析，本章着重总结了品牌茶叶的消费者忠诚行为的形成机理，对其各个要素之间的作用关系和路径系数进行了归纳，最终提出了消费者在品牌茶叶的购买过程中忠诚行为形成过程的模型。最后，本章结合研究的结论，对于茶叶企业的营销工作提出了相应的对策和建议。

8.1 研究结论

8.1.1 忠诚行为形成机理分析

本书在对国内外的文献和相关的模型研究成果的基础上，通过质性研究和实证研究，构建了品牌茶叶的消费者忠诚行为形成机理的模型。提出了在品牌茶叶消费的过程中，消费者重复性购买习惯的形成的作用路径，发现了是由内因和外因两个部分的力量作用而形成。其中外因主要指的是消费者所面对的企业的营销信息、品牌信息和消费者在消费场所实际感受到的企业的服务。这些信息主要是由于消费者在之前的生活经历中、消费经历中获得的，有些消费者通过亲身消费经历直接获得，如茶企的服务态度、茶叶的口感和茶叶会所的满意程度等。有些是消费者通过别人介绍、媒体传播等渠道间接获得，主要包括茶企的广告、公共关系的开展和亲朋好友的推荐等。内因主要表现在消费者的个人特征上，主要是由茶叶消费者的特色指标而形成的，包括茶叶消费者的买茶的用途、饮茶的时间等。上述的内因和外因合在一起，形成了作用的合力，共同作用而形成了消费者的忠诚行为，具体的模型见图 8-1。

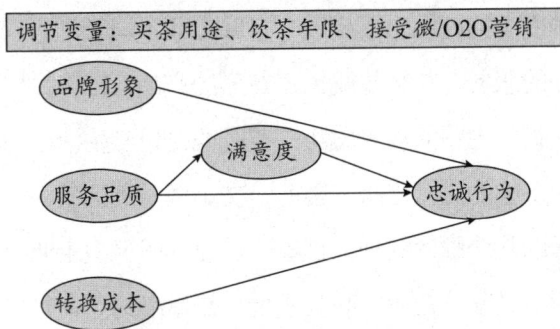

图 8-1 忠诚行为形成机理图

在上述的模型中，本研究发现，在品牌茶叶的消费者忠诚行为形成机理中，茶叶企业的品牌形象、服务质量和转换成本这三个外部性指标都会对消费者的重复购买习惯有显著的影响。消费者的满意度在忠诚行为形成机理中，起到了中介的桥梁作用。消费者在接受到了茶叶企业的服务后，由于茶叶消费不同于其他快速消费品、耐用品或大宗物品的消费，其特别强调的是消费时的意境、遐想和茶文化的氛围。因此，消费者就会在接受实地的服务情况后形成满意度，从而才会产生后续的忠诚行为。同时，在整个路径中，本研究还特别地引入了茶叶消费者个体特征这个内因的变量，从而研究什么类型的茶叶消费者更容易形成忠诚。通过实证检验茶叶消费者的特征指标发现，消费者的饮茶年限、买茶用途和对于微营销、O2O 营销的接受程度均会对忠诚行为的形成有显著的作用。

根据本研究提出的模型，本书结论的形成机理可分为以下四点。

1. 服务质量的五个因素对忠诚行为形成过程中的作用

本书依据 Parasura 等（1988）对服务质量的研究，因为茶叶企业的营销属于服务业中的零售业，因此对茶叶企业的服务质量也进行了相关的维度划分。

通过实证研究表明，五个维度中的有形性、可靠性、移情性、回应性、保障性都被验证通过，说明 Parasura 等（1988）的量表在茶叶企业中同样适用。所不同的是，在不同的服务业态中，由于业务性质的不同所要求的属性也不同，因此反映在五个维度上的属性也不相同。茶叶企业不同于酒店、餐饮、百货和培训等服务业，他的服务业特征是既销售有形的产品茶叶，又提供无形的茶叶冲泡、茶艺表演、茶叶主题活动等服务。茶叶既是日常生活中的必需品，又是一种带有高雅生活情趣的文化产品。因此，在本模型的检验中，反映出来的茶叶企业的服务质量的几个维度的划分权重和其他的服务型企业有所不同，这五个因素共同作用形成了茶叶企业的服务质量，最重要的因素是保障性，其次是可靠性、移情性、回应性和有形性。保障性特别强调了茶叶企业的服务人员必须要具备专业胜任能力，要具备专业的茶叶知识和接受过茶叶技能的培训。第二个重要的因素可靠性也是形成消费者判断茶叶企业服务质量高低的标准，它的形成原因包括了消费者所认知到的茶叶的农药残留情况、食品安全情况，尤其是受社会广泛关注的茶叶稀土超标情况等。消费者会基于上述对茶叶的品质的判断，从而形成可靠性的认知，最终会形成对该茶叶企业的服务质量的判断。第三个服务质量的形成因素是移情性，主要指的是在茶叶的销售过程中，消费者是否能感知到茶企的销售人员会主动为顾客考虑，提供更多的人性化的便利，提供更多个性化的服务，从而抓住消费者的心理需求，从而产生移情性，形成了消费者对该茶叶服务质量的判断。第四个因素是回应性，指的是消费者在实际和茶叶企业的一线销售人员接触的时候，销售人员能不能最快地解决顾客的问题，帮助消费者解答他们在选购茶叶时的疑问等。第五个因素有形性指的是消费者感受到的茶叶企业的店面的装修、商品的陈列等因素，该因素也构成了消费者测评服务质量高低的因素。

2. 品牌形象、服务品质和转换成本对忠诚行为的作用

在本书提出的品牌茶叶的消费者忠诚行为形成机理的模型中，主要的作用因素有三个：品牌形象、服务品质和转换成本。通过研究的数据分析表明，这三类因素都能对消费者的忠诚行为产生正向的影响。从影响的效果来看，服务质量对忠诚行为的影响效果最大，标准化系数达到了 0.289；转换成本的影响次之，标准化系数达到了 0.248；品牌形象的影响作用相对较小，标准化系数达到了 0.206。在这些因素之中，服务品质是最重要也是最复杂的因素，这一点和之前的研究假设相同，其作用的机理在于，茶叶企业的营销本质是一种服务型营销，在销售茶叶产品的同时，还注重茶叶人员的服务。茶叶企业的营销不同于一般的流通商品的营销，茶叶的营销属于体验式营销，他不仅要给消费者带来有使用价值的商品，更重要的是可以通过服务带给消费者一种茶文化的体验。因此，消费者在茶叶消费的情境下，特别关注一线的营销人员的茶叶冲泡、茶艺的表演、茶文化的氛围和茶叶质量安全等因素。消费者在接收到上述的信息时，就会形成对服务质量高低的判断，从而会直接地形成忠诚行为，产生下一次购买的倾向。

对于第二个潜变量转换成本而言，它直接影响忠诚行为，影响系数是 0.248。研究发现，高的转换成本会形成消费者进行消费决策时的重要考虑因素，形成消费者切换商家的取舍标准。其直接作用于忠诚行为，通过建立退出的门槛条件而让消费者产生更高的忠诚行为表现。因此，相对于服务品质而言，转换成本是一种被动式的忠诚表现。其作用的机理在于，当品牌的茶叶消费者需要重新选择商家的时候，需要慎重地评估所需额外花费的时间和精力。由于品牌的消费者都具有良好的收入水平和职业，该类消费人群的工作节奏快，空余闲暇时间相对并不宽裕，因此该类人群需要付出额外的时间和精力的时候，就会慎重地进行决策。同时，由于茶叶产品的本身属性也决定了转换成本处于较高的状态。在不同的品牌茶叶中，茶叶的香气、口感、滋味和汤色等都会有所区别，如果消费者已经适应了某个品牌的产品，当切换到新的产品的时候，可能无法适应新的茶叶的口感和品质。和其他的耐用消费品、IT 产品不同，这些通用型的工业产品往往由于流水线的生产，已经做到了规格、质量和功能等方面的统一。而茶叶是通过种植、采摘、采青、晒青、摇青、杀青、揉捻和烘焙等环节制作而成，在整个工序中，由于气候、温度、湿度、加工工艺、人为因素和其他的不可控因素的存在，使得不同的茶叶产品的属性相差较大，也就形成了较高的转换成本。因此，转换成本对忠诚行为的形成有直接的显著影响。

对于品牌形象而言，它直接影响忠诚行为，影响系数是 0.130。这意味着声誉较好的品牌形象可以促使消费者产生重复的购买行为。和学者对其他产业的研究一致，品牌形象都会通过宣传、广告来影响到消费者的决策。其形成机理是：茶叶企业会通过广告宣传、代言人的形象和产品的设计包装等环节进行品牌形象的导入，从而建立良好的品牌形象。其包含了多个维度的特征。例如，在消费者心中生成产品的形象，让消费者形成对该茶叶产品的性能、功效、意境联想等方面的感知，从而满足消费者的需求；促使消费者形成使用者形象，让消费者意识到饮用该茶叶的群体的社会地位、个性及饮茶的品位特征；通过社会的公共关系活动，在消费者心中建立公司的行业地位、公司的实力方面的特征；通过茶叶产品的外包装、礼盒的包装等设计体现品牌的可识别性和独特性，以及满足消费者审美的特征。通过上述几个维度的打造，品牌形象成了沉淀在消费者心中对于该茶叶企业的品牌感知，成为消费者进行行为决策时的主要影响变量。因为品牌形象的建立和转换成本不同，其是一个需要不断累积的过程。茶叶企业往往需要通过长期的品牌投入和品牌关系的维护，才能在消费者心中逐渐形成对品牌的印象。根据企业文化生成和发展的一般原理，特定的品牌形象都需要由企业内部上层的领导和决策者生成，不断地向企业内外的群体推广，经过社会的群体认可与修正，再不断地反复到企业内部，循环修正的机理过程。因此，茶叶企业的品牌形象也不是在短时间内可以完成的，其也是需要茶叶企业不断地进行品牌投入才能逐渐地累积和沉淀下来，最终其品牌资产和绩效会通过消费者的购买态度和再次购买行为表现出来。同时，在品牌茶叶的消费中，品牌形象对于忠诚行为有重要影响的因素还表现在，茶叶产品和其他的产品不同，存在着极大的信息不对称性。这种不对称性只有有经验的评茶师和茶叶行业的资深从业者才能鉴别，普通的消费者只从茶叶的外形、色泽、汤底等特征无法判断出茶叶品质的高低。而在品牌茶叶的消费市场上，茶叶价格的离差表现得非常明显，每斤价格从 200 元到 20 000 元都同时存在。因此，非专业级别的大众消费者更多地是依靠茶叶企业的品牌形象来进行消费决策，从而形成后续的忠诚行为。

3. 满意度在忠诚行为形成过程中的中介效应

对于满意度而言，其直接影响忠诚行为，影响系数是 0.206。同时，它还充当了中介变量起到过渡的作用，消费者只有在接受了高质量的服务之后，达到心里的满意，超越了内心的期待后，才可能会产生忠诚行为。根据计划行为理论，消费者总是先产生意向和态度，接着才会产生实际的行为。因此，本书的研究结论和计划行为理论的框架基本一致，符合"满意—忠诚"的基本研究规律。满意度中介效应的作用机理是茶叶消费者在接受了高质量的服务之后，还要通过内心的认可，达成满意之后，通过高的满意度才能传导到忠诚行为，从而产生重复的购买行为。而对于茶叶企业而言，该传导的机制的关键在于达到或超越消费者的心理预期。而随着茶叶市场竞争的不断加剧和现代信息技术的不断发展，消费者所接触的各种信息呈爆炸式的增长，因此消费者的审美水平在提升，对茶叶产品的需求层次也在不断上升，消费者的心理预期值在不断地提高。同时，随着人民收入的不断提高，我国居民的生活水平也有了显著的改善，中高层次收入的茶叶消费者已经从单纯的物质消费转向了茶文化、休闲、养生、品茗悟道等精神层面的追求。因此，茶叶企业的服务对忠诚行为的形成机理的关键在于抓住消费者的潜在需求心理，满足他们的精神层次的消费，从而才能形成较高程度的忠诚行为。

另一方面，转换成本的内容没有通过满意度的中介效应影响忠诚行为，说明在忠诚行为的形成机理中，转换成本只有直接的显著影响，而没有间接的中介作用。转换成本和满意度的关系没有通过显著性的检验，意味着高的转换成本并不能引起消费者的满意或不满，只是让消费者直接地进行判断是否要继续的留在原有的商家里，而不会引起消费者心理的情绪变化。同样，品牌形象也不会显著地影响满意度，此结论意味着品牌形象只能刻画消费者对于某类茶叶企业形象的认知程度，显著地影响消费者的再次购买决策。但是规划良好、设计精美的品牌形象并不能引起消费者的满意，同时也不会造成消费者的抱怨和不满。这两个因素进一步反映了消费者的主要诉求，引起消费者心中满意或不满的是服务质量的高低，这也是茶叶消费者最关注的问题，因此在忠诚行为的形成过程中，服务质量是通过满意度传导到忠诚行为，而品牌形象和转换成本没有通过满意度传导到忠诚行为。

4. 茶叶消费者的个人特征对忠诚行为形成的调节效应

在忠诚行为形成过程中，消费者的内因表现在个体在面对茶叶企业的营销信息时的反应和消费者自身在购买茶叶时的具体需求情况等，这些因素都会作为调节变量影响最终的忠诚行为。具体的忠诚行为形成机理表现在：不同类型的消费者对忠诚行为的表现差异显著。对于买茶用途而言，自己饮用的消费者并不容易在接收到企业的服务后形成忠诚行为，而买茶送给亲戚、朋友、同学和长辈等的消费者更倾向于形成忠诚行为。因为茶叶在这个过程中充当了消费者社交的工具，国内消费者普遍存在着"面子文化"的影响，因此在品牌茶的消费经历中，送礼的用途显著地影响了后期的重复购买倾向。对于饮茶年限而言，由于消费者对茶叶的涉入的时间不同，对不同的茶叶品质和口感了解不同，因此对茶叶的购买决策判断也不相同。饮茶年限短的消费者由于缺乏茶叶品鉴的经验、鉴定茶叶等级的能力，也会更加倾向于形成忠诚行为。而饮茶年限长的消费者，他们更信赖自己的经验和判断，他们购买茶叶的依据不是品牌形象、茶企的服务质量，而是自身的对于茶叶色泽、香气、叶形的判断。因此，他们并不容易在接受到企业的服务后形成忠诚行为。在新的移动营销技术方面，能够接受茶叶的微营销和茶叶店的O2O营销的顾客会有更深的品牌涉入程度，这类消费者通过阅读网络上大量的茶叶信息和面对 O2O 实体店、网店、茶园三者的资源整合营销，会对茶叶产品和品牌有更多的了解和认知，从而会形成较高的忠诚行为。例如，在微营销的领域，茶叶企业设置订阅号或公众号，会定期推送与该茶企和茶叶有关的知识，因此可以增加顾客的黏性，提升企业对于顾客关系的维护。随着国内消费者移动手机的普及，消费者可以通过微信软件很方便地查阅茶叶产品信息、了解打折促销的活动、进行后期的投诉和建议等。因此，微营销可以加深消费者对茶叶企业和产品的了解，促使消费者产生重复购买的行为。对于 O2O 营销而言，其作用机理是通过实体店、茶园、茶叶生产基地和茶叶网店的融合，让消费者产生亲身感受的经历，从而增强消费者的信任。随着国内对食品安全事件的曝光和很多产品的过渡夸张宣传，消费者与厂商之间的信任在不断地降低，而 O2O 营销的作用机理正是通过让消费者实地的感受，以他们的亲身经历来增强对企业和产品的信赖程度，从而产生后续的购买行为。

8.1.2　对研究结论的讨论

在上节本书的研究结论中，重点阐述了忠诚行为形成机理的相关内容。同时，在本书的实证研究中，还有些指标和变量并没有通过显著性的检验，需要在本节进行说明和讨论。

1. 关于品牌形象对满意度的影响的讨论

本研究通过数据调研、实证研究发现，品牌形象对满意度没有显著的影响，满意度在品牌形象和忠诚行为之间的中介效应不存在，这一研究结论和原假设不符。产生这种现象的原因可能是：消费者在面对企业的品牌宣传、形象代言时，并不能引起其满意或不满的情绪。因为消费者对茶叶企业的品牌形象没有预先的心理预期，反映在市场需求上消费者的需求心理并不是着重于某个茶叶企业的品牌形象和产品形象，该类因素不是消费者所关注的需求重点。因此，这类因素也没有引起消费者的心理变化，不能引起消费者的满意、失望、沮丧或抱怨等情绪。

2. 关于转换成本对满意度的影响的讨论

本研究通过数据调研、实证研究发现，转换成本对满意度的系数 p 值为 0.084，转换成本对满意度没有显著的影响，满意度在转换成本和忠诚行为之间的中介效应不存在，这一研究结论和原假设不符。产生该现象的原因可能是：转换成本作为一种退出的障碍机制，直接影响到了消费者的后续购买决策。在转换成本中所涉及的评估成本、学习成本、财务成本、人际关系成本和时间成本等，都是消费者自己选择的结果。转换成本消费者在决定切换商家，不再停留在当前的供应商的时候，自己必须承担的成本。因此，这一过程完全是消费者自身造成的，自己不会对自己的决策产生满意情绪。而且转换成本是完全可预期的，是重新进行信息搜集、评估、再适应的过程中必然发生的，因此也不会有低于或超越自身的心理预期而产生的满意的情绪。

3. 关于消费者人口统计变量对忠诚行为调节作用的讨论

从人口统计变量的性别、收入、年龄和受教育年限方面来分析，这些因素都没有在忠诚行为的形成过程中起到调节作用。其原因可能有以下的几个方面。从性别来看，调研的数据显示，男性饮茶者显著多于女性饮茶者，但是在忠诚行为的形成中却没有显著的差别，可能是因为茶叶的饮用、买茶的用途方面并不区分于男女的性别，男性和女性都有同样的消费诉求，因此性别的差异并不明显。从收入来看，高收入者和低收入者的差别也不明显，原因可能是在后续的茶叶饮用、茶叶的用途方面，高收入者、低收入者都有相似的需求，茶叶既作为一种生活必需品，又可以作为一种社交的礼品，无论是在高收入阶层，还是低收入阶层，都普遍需要。年龄方面，低龄的人群更容易形成忠诚，但是其差异和高龄的人群并不能够达到显著。这一结论和饮茶年限达到显著有所区别，可能的原因在于，年龄和饮茶年限并不一定是正相关的关系，即存在很多年龄较高的人群，他们的饮茶年限较短；而反之也有一些年龄低的人群，反而饮茶的历史和时间较长的现象。因此，年龄并不是有显著影响因素的变量。从受教育程度来看，也不能对忠诚行为有显著的调节作用。这说明了受教育程度的高低和是否在茶叶产品表现出忠诚没有必然的关系，因为茶叶产品的购买并不需要学历做支撑，在购茶的门槛上，也同样没有学历的限制。学历作为一种知识的储备的代表之一，并没有在购买茶叶的过程中起到显著的作用。

8.2　对策建议

8.2.1　品牌茶叶的消费者忠诚行为研究的应用价值

1. 关于服务品质的对策建议

在第 6 章的实证研究中发现，在服务品质的影响因素中，五个维度的影响程度各不相同。按照重要性程度依次为保障性、可靠性、回应性、移情性和有形性。其中，最重要的两个因素是保障性（影响系数 0.938）和可靠性（影响系数 0.877）。该研究结论对于企业的现实意义在于，如果以较小的成本提升服务品质，不需要在每个方面都投入人力和财力，只需要在最重要的两个方面：保障性和可靠性方面进行相关的投入即可，具体的对策建议如下。

第一，保障性方面。根据保障性的含义，其指的是茶叶企业所提供的茶叶和茶艺服务是有保证的，服务人员要有相应的专业素质，具备茶叶的相关知识和茶艺的基本技能。茶叶的连锁门店销售和其他行业的零售业有所不同，其独特性在于要为顾客提供一种舒适、独特，可以引起遐想和意境的茶文化环境。这种浓厚的茶文化环境除了店面装修的硬件条件以外，还需要茶叶企业培养一批既懂茶叶知识，又懂营销技能的专业营销人员，尤其是在茶叶的选购、冲泡、品鉴、储藏等专业知识上精通的营销人员。同时，为了加深对茶文化的渲染，还需要对一线的营销人员进行迎宾接洽、形体礼仪、冲泡技能、茶艺表演等能力的培训。这样才能让消费者对该茶叶店铺有足够的信任，相信该店铺的茶叶产品和销售人员都是本行业中比较专业的，从而产生购买欲望，不断形成消费的忠诚行为。

目前比较有效地提高茶叶企业的保障性的方法是：茶叶企业提出相应的财务专项计划，对现有的员工进行后续的学历教育或技能培训，有计划地轮流将员工输送到知名茶叶企业、茶叶专业学校和茶艺技能培训中心进行培训，通过校企合作的方式开展联合培养，提升现有员工的专业素质。同时，由于茶叶企业的连锁门店的员工以低龄女性为主，流动性较强，对客户的维系和营销工作开展的连续性都较为不利。因此，应该加强公司的人事考核和激励制度，通过"情感留人、福利留人、政策留人"三个方面稳定员工的团队，这样才能不断提高服务的保障性。

第二，可靠性方面。根据可靠性的定义，指的是茶叶企业在每次提供产品的时候，需要以相同的方式，没有差错的完成。对于品牌茶叶连锁企业而言，可靠性指的是茶叶产品的安全和质量。食品安全是消费者在购物选择时首要关注的焦点。而对于茶叶产品的负面报道也让一部分消费者放弃了忠诚行为，继而转向其他的产品。消费者在选购茶叶的时候，特别在乎茶叶产品是否是无公害产品，农药是否超标，是否有残留，是否稀土超标等问题。因此，茶叶产品作为口腹之饮，应该符合良好的农业规范和检验检测标准。为了让消费者放心，喝到可靠的茶叶产品，茶叶企业应该在茶叶的可追溯体系上下功夫，打造"从茶园到茶杯"的全程可追溯全产业链，让消费者喝得明白，消费得放心，从而产生较强的可靠性。同时，政府的农业局、农资监管部门也需要全力介入，定期地抽查、公开、曝光茶叶产品的检测结果，让不法商家得到社会监督和法律制裁。再者，品牌茶叶企业应该投资打造更加健康、生态的茶叶产品。例如，生产有机茶，其主要特点是不使用化肥和农药，利用天然手段和生物防治，保持生态链的多样和完整，促进农业的可持续发展，并且通过相关认证机构颁发的有机认证。通过国内外的有机认证机构定期地抽查和检验，获得相关的有机认证的许可证，从而增强消费者消费的信心。最后，为了提升茶叶产品的可靠性，应鼓励企业整合资源，摆脱原有的"一家一户炒茶、制茶"的小农经济模式，因为在原有的生产方式下，每家每户的采茶、晒茶、杀青、摇青、揉捻、烘焙都会存在巨大的差异，这样会导致茶叶的口感和品质不稳定，从而消费者在品鉴同一款茶叶的时候便会产生色泽、香气、口感等方面的差异。因此，为了提高茶叶产品的可靠性和稳定性，应该鼓励茶叶企业大力发展生产的自动化、机械化、规模化和清洁化。通过生产过程和加工工艺的转型升级，通过现代的农业生产方式来提高茶叶产品的可靠性。

2. 关于品牌形象的对策建议

通过第6章的实证分析可知，在忠诚行为的四个影响因素中，通过检验可知均为显著。从其影响的效果来看，按照影响因素的总效应大小分别是服务质量、消费者的满意度、企业的品牌形象和转换成本。因此，从研究结论来看，如果想增进消费者的忠诚行为，企业应该从以下四个方面入手：消费者的满意度、转换成本、服务质量和品牌形象。其中，消费者的满意度、转换成本、服务质量的应用价值将在本章的其他节中讨论，本节重点讨论品牌形象的建设问题。

本研究结论认为，企业需要在品牌形象方面加大投入，以培养消费者的忠诚行为。根据企业文化的相关理论，品牌形象的打造应该进行CIS战略的设计，努力提升企业的行为文化（BI）、理念文化（MI）和视觉文化（VI）等方面，做到独特并体现企业的文化特征。因此，茶叶企业应该从以上的三个方面进行导入，并且应该保持主题的统一，突出企业的核心品牌理念和产品文化，例如，茶叶企业应该围绕着"高雅、情趣、健康、生态、养生"等核心价值来打造企业茶文化。企业可以通过宣传部门成立专门的建设小组，通过广告、公共关系、企业文化网络、企业标语等，让社会大众接受并且对该企业文化的内涵有深刻的感知。

具体而言，可以通过企业的形象代言人来打造品牌的知名度。例如，八马茶叶集团聘请了著名影星许晴，安溪铁观音集团聘请了著名影星张铁林，坪山名茶聘请了功夫巨星李连杰等作为其形象的代言人，通过明星效应可以较快地在消费者心中塑造企业的产品形象。有利于茶叶企业在较短的时间内让消费者接受并产生深刻的印象。在品牌宣传和广告片的制作方面，应该紧紧围绕着该品牌的核心文化和独特定位，以达到较好的传播目的。其次，在实体店铺的形象方面，企业更应该注重店面的装修、产品的陈列和设备设施的完善，让消费者能够明显地感受到茶文化的独特魅力，通过品茶、斗茶、评茶等体验营销的模式，让品牌形象在消费者心中发挥作用，产生较高的购买倾向和品牌依恋，从而形成消费者的态度忠诚和行为忠诚。最后，茶叶企业在营销的过程中要重视产品包装和设计，涉及最细节的茶叶的真空袋包装、铁盒包装和礼盒包装等方面。因为在茶叶的购买用途中，用于送礼和人情交际的占很大的比例，说明茶叶产品包装的第一印象非常的重要。尤其是中国人长久以来的"面子文化"影响，在产品的包装上更加追求大气、上档次。另一方面，结合本书第3章对茶叶产品特性的分析和茶叶市场营销的分析可知，茶叶产品具有较大的信息不对称性，外行的消费者很难判断茶叶的品质和价格，而就会更多地依赖于产品包装和设计来评估茶叶的档次和价格。因此，茶叶企业应该更多地引进包装和设计方面的人才，来进行更好的创意，提升茶叶包装的档次和品味，从而打造较好的品牌形象。

3. 关于转换成本的对策建议

从第6章的研究结论可知，转换成本显著影响忠诚行为的形成，因此企业的重点是要加大转换成本的设置。根据 Porter（1980）对转换成本的定义，其是消费者在选择一项产品或服务的情况下，从一个商家或品牌转向另一个商家或品牌时所付出的交易成本，或者是在转换过程中由于要付出机会成本时要付出的代价。因此，茶叶企业设置转换成本也要围绕着此理论展开。具体而言，茶叶企业必须注重发挥转换成本的作用，通过设置在时间、金钱、产品、过程等方面的高转换成本，从而让消费者不轻易地切换品牌和产品，形成较稳定的顾客群体。茶叶企业应该通过设置一些会员制、老客户优惠等障碍提升转换门槛。让消费者能够了解到，如果在将来改变了合作商家和供应商，将会付出更多的人力和财力，花费更多的精力搜寻茶叶信息，品鉴新的茶叶，和新的茶叶销售人员沟通等。企业通过开展会员制，除了让经常惠顾的客户享受到较大幅度的优惠和折扣外，还可以定期开展会员主题活动，如茶园的采摘游、茶山的避暑游、茶庄园的生态游等，吸引茶叶的合作者、各地的茶叶经销商、茶友到茶园附近的接待中心进行茶园的体验活动，从而培养一批稳定的忠实消费群体。再次，还可以开展定制化服务，因为这种定制化、独特化的服务是阻止消费者转换的较好门槛，定制化的服务在双方的要求中会涉及很多谈判的细节，如规格、尺寸、优惠和款式等等，在和固定的企业合作后再切换商家需要大量的精力和谈判时间。因此，个性化、定制化的服务会增强企业的转换成本，增进消费者对于企业的黏性。例如，八马茶叶为福建安踏集团、福建七匹狼集团开展的大客户定制茶叶产品就起到了很好的营销效果。最后，茶叶企业需要开展广泛市场调研，明确产品的市场定位，突出其茶叶产品的独特性和比较优势，从口味、香气、颜色、生产流程、加工工艺、认证资格等角度进行宣传，让消费者感知到一旦切换了别的商家和合作者，这种独特性将不复存在，由此建立了较高的转换成本，从而让消费者不会轻易地改变原有的消费习惯和购买渠道，逐渐成为稳定、忠实的消费者。

8.2.2　品牌茶叶的消费者忠诚行为中介效应研究的应用价值

在第 7 章中介效应的检验中，经过研究发现，在忠诚行为的模型中，服务品质到忠诚行为是部分中介效果，中介效果通过满意度传导到忠诚行为。而转换成本、品牌形象对忠诚行为的中介作用不存在。因此，企业如果要通过服务打动消费者，抓住稳定的顾客，就必须先达到消费者的满意，然后才能形成忠诚行为。而根据第 2 章对满意度的研究，其是指超越消费者的心理预期，同时降低消费者的不满情绪的过程。对于超越消费者的心理预期而言，茶叶企业应该在提供茶叶品鉴、冲泡服务的过程中，提供各种和茶文化有关的附加服务，这样才能超越消费者的心理预期，形成较高的消费者满意。

具体而言，茶叶企业可以在实体店让顾客进行茶叶的品鉴的同时，进行茶文化的宣传，开展茶艺、茶诗、茶歌等演艺节目和组织各种以生态、健康为主题的公共关系活动。这样，实体店就不再是简单的销售店铺，而是一种"茶生活馆"，其是融合了茶叶销售、茶文化宣传、商务洽谈、休闲养生、朋友会晤等功能为一体的新型茶叶实体店，通过其来完成对茶叶知识的介绍与普及，实现茶叶企业的健康与养生功能、茶文化的熏陶与培养等功能。再次，实体店可以开展各种形式的主题活动，提高消费者对茶叶的介入程度。在实体店进行的顾客体验营销是宣传推广茶文化的主要阵地，要突出茶叶的竞争优势，通过组织举办各种活动和仪式，让顾客亲自参与，近距离体会茶叶"健康、生态"的核心理念。例如，开展无公害食品、绿色产品、有机产品介绍方面的大讲堂，开展由著名茶叶专家和学者讲解的有关茶叶的科普知识讲座，组织消费者到公司的茶园亲自走访，实地感受茶生长的环境和加工条件等等。最后，在降低顾客的抱怨、减少顾客的不满情绪方面，经过前期的文献积累和市场调查发现，顾客的不满情绪主要表现在品牌茶叶连锁店铺的茶叶售价较高，中高档茶叶普遍在 3 000 ~ 6 000 元一斤，普通的消费者不能承受，往往对这些产品的价位虚高产生抱怨。因此，茶叶企业应该调整自身的品牌定位和市场定位，将产品的价格进一步拉低和亲民，以占取更多的市场份额。茶叶企业的销售方向应由企业政府客户慢慢转变为个人和社会团体客户，其价格上也要做相应的调整，由高端茶向中档茶转变。例如，按照安溪铁观音集团在"天猫网"的官方旗舰店的报价，排名第一的是"多口味清浓沉体验装"，总销量达到 2 900 件，单价在 350 元 / 斤；排名第二的是"清香型铁观音"，产品编号 QT1088，总销量达到 2 192 件，单价在 360 元 / 斤；排名第三的是"特价清香型铁观音"，产品编号 AQT002-2，总销量达到 2 109 件，单价在 315 元 / 斤。有机茶的销售排名前三的是："清香型有机茶"，产品编号 QT1000L，单价在 604 元 / 斤；"清香铁观音有机茶"，产品编号 QT1500，单价在 1 076 元 / 斤；"特级清香有机茶"，产品编号 QT4000Y，单价在 2 727 元 / 斤。通过销量和售价的对比，考虑到差别售价的原则，建议中档茶的合理区间价位应在 200 ~ 500 元 / 斤，有机茶的合理区间价位应在 500 ~ 1 000 元 / 斤，价格的进一步亲民可以吸引更多的大众消费者，从而消费者在满意之后，更加容易形成忠诚行为。

8.2.3　品牌茶叶的消费者忠诚行为调节效应研究的应用价值

在第 7 章对消费者特征调节效应的研究过程中发现，消费者的人口统计变量中的买茶用途，消费者饮茶特征的饮茶年限，茶叶新营销方式中的参与微营销、参与 O2O 营销是有显著差异的，在不同的消费人群中区分度较高，在服务品质到忠诚行为之间的路径上起到了调节作用。而其他的特征，如性别、年龄、可支配收入、受教育程度等变量在统计意义上不明显。因此，茶叶企业应该根据市场细分的理论，针对目标群体的需求，制定相应的市场策略，从而形成较高的消费者忠诚行为。

1. 关于买茶用途的对策建议

在第 7 章针对买茶用途的研究中发现，在买茶用途对服务到忠诚行为的调节模型中，送给别人更倾向于达到忠诚行为，系数为 0.827，远大于自用组的 0.183。两个模型中表明买茶用途具有显著的调节效应，送茶给别人的消费者才会更容易被茶叶店的服务所打动，从而形成较强的忠诚行为，而自用的消费者则表现得不太明显。因此，茶叶企业应该根据消费者的买茶需求来进行有针对性的营销，企业应该详细分析消费者买茶送给别人的用途所在，例如，八马集团的"赛珍珠"产品市场定位为"政商礼节茶"，主要锁定的客户是政府和商业往来中的人情往来和交际的需要。安溪铁观音集团推出的企业定制茶，面向各大企业和社会团体，进行企业员工的纪念品定制、伴手礼的定制等等。再者，可以打造个人的人际交往用茶，因为茶在中国被誉为国饮，"寒夜客来茶当酒"，茶已成为中国人日常生活中不可或缺的一部分。鉴于茶叶是中国历史悠久的文化产品，用茶叶当作礼品更符合中国人的审美观点和社会习俗。因此，茶叶企业要区分企业、社会团体、个人买茶当作礼品的不同用途，从而精准地设计不同的茶叶产品。对于企业和社会团体而言，他们的需要特点是大批量、经济实惠，因此产品设计应该侧重于茶叶产品的多样化、小包装化，目的是以最小的成本让顾客品尝到不同的茶叶品种。同时，应该在产品的包装和外观上注明是该茶企专门为特定企业的私人定制茶叶茶品，让消费者有个性化消费的尊崇感。对于个人的人际交往需要，买茶用途可能涉及送给亲戚、长辈、同事等，产品设计应该偏重于包装的档次和规格，产品的设计一定要大气、精美，具有现代的艺术气息。同时，消费者在选购茶叶送礼的时候存在着一定的盲目性和信息不对称，因此，茶叶企业一定要根据不同的情况为消费者提供不同送礼用途的茶叶产品解决方案。例如，春夏由于天气较热，茶叶推销员可以介绍消费者喝绿茶来有效地止渴消暑，比如龙井、碧螺春等；秋季天气干燥适合喝乌龙茶，比如铁观音、大红袍；冬季则适合喝红茶，因为红茶可以暖胃去寒，如滇红、祁红、金骏眉等。对于不同的送礼对象，送礼的茶叶也应该相应地区分开来：老年人和小孩不宜喝太浓的茶，老年人可以多喝生普洱，有降血脂、降血压等保健作用，年轻人经常用电脑可以多喝绿茶抗辐射。在价位上也要给出不同的解决方案，对于送给同事和朋友的茶叶，可以划分为中等价位的茶叶，定位为 200 ~ 500 元一斤。对于送给领导和长辈的茶叶，可以定位为 500 ~ 1 000 元一斤，让消费者可以在不同的价格区间内有选择的余地。同时，还要给予一定的销售折扣和优惠，让消费者感到实惠。

2. 关于饮茶年限的对策建议

在第七章针对饮茶年限的研究中发现，在饮茶年限对服务到忠诚行为调节模型中，低龄的饮茶群体更倾向于达到忠诚行为，系数为 0.621，远大于高龄组的 0.112。模型中表明饮茶年限具有显著的负向调节效应，低龄的消费者会更容易被茶叶店的服务所打动，从而形成较强的忠诚行为，而高龄的消费者则表现得不太明显。因此，茶叶企业应该根据消费者的年龄段来进行针对性的营销。具体而言，针对高龄组的饮茶人群而言，由于他们的饮茶习惯时间长，对于各种茶叶、各类品牌的认知程度比较深，因此，他们会形成较强的自我意识和见解，从而不太相信品牌的价值和知名度，而更多地相信自己的口感和判断。他们会信任一些不知名的品牌和个体的茶农，因为他们认为通过自己的经验就能找到最佳性价比的茶叶产品，从而对品牌的依赖程度很低。所以，在调节效应的结论上，无论是态度忠诚行为还是行为忠诚行为，都表现为负向的调节效应。因此，茶叶企业应该更多地关注低龄的饮茶族群。通过调节效应的结论表明，他们更容易在接受服务后形成忠诚程度，原因是低龄的饮茶族群饮茶经验少，对茶叶产品的了解和关注比较少，因此，他们往往缺乏对茶叶品质和等级的鉴定经验，从而对于品牌的依赖程度较强。在实际的购买过程中，往往表现为在接受服务后，容易在品牌的知名度下形成忠诚行为。综合上述分析，茶叶企业在一线的销售过程中，应该分析顾客的饮茶年限，区别不同的消费者不同的饮茶经验，对于饮茶年限较低的消费者给予更多的关注，因为他们极有可能通过接收店里的服务而成为忠实的消费者。研究普遍认为，年龄和饮茶年龄具有一定的相关性，但是本研究发现，虽然年龄对于调节效应有较大的区别度，但是没有达到统计意义上的显著性。也就是说，单纯通过年龄的大小来判断饮茶年限的大小是有偏差的。因此，饮茶年限的区分在销售人员和消费者的接触中就可以发现，通过和消费者的沟通，就能够发现他们对于茶叶的知识、经验方面的多少，而从判断他们的饮茶年限的大小，从而为下一步锁定低龄饮茶者打下基础。

3. 关于微营销的对策建议

在第七章针对微营销的研究中发现，在微营销对于服务到忠诚行为调节模型中，接受微营销的群体更倾向于达到忠诚行为，系数为0.721，远大于不接受的0.194；此研究结论说明，茶叶企业在平时的常规促销中，应该结合新的移动营销的趋势，加入微营销的方式。通过该方式，可以让消费者更加地增进对品牌的涉入性，从而逐渐变成忠诚行为的顾客。具体而言，茶叶企业可以增加二维码的曝光率，提高顾客的介入程度。例如，企业可以通过有奖竞猜、礼品赠送等形式让消费者去刷企业的二维码，从而关注企业的公众号，企业也可以在自己的产品、包装、广告等上面印制自己的二维码，让消费者更容易的接触到，吸引更多的粉丝。在内容的推荐上，主要介绍和企业、品牌、茶文化有关的内容和图片，如介绍高山的茶园、茶叶生长的图片、制作茶叶的过程等消费者感兴趣的话题，从而吸引消费者关注。在宣传的时间上，主要利用周末和节假日的时间，保证消费者在自己闲暇的时间有精力去阅读推送的内容。目前微信号最少是六位数，企业在取名时也是宜短而不宜长，一般以企业的网址、名称、品牌名等好记的数字为佳，要选择一个有个性，并且和茶叶的品牌文化相一致的名称。在内容的选择上，要结合企业的品牌定位总结出品牌的简单调性，突出个性化。也就是强化消费者对品牌的看法或感觉，以品牌的关键词为所发布内容的选择依据。尽量避免一些政治或宗教倾向的话题，未经证实的内容和极具批判性的内容也应该回避，可以在一周中按照不同的主题对消费者进行推送，比较受欢迎的主题是：专业知识型，介绍茶叶的专业知识；幽默搞笑型，让消费者轻松快乐的内容；促销活动型，推介一些打折和优惠的信息；文艺小资型，可以迎合某些品味高雅、具有独特情调的人群；关怀互动型，如发货提醒、生日祝福、互动小游戏等。例如，安溪铁观音集团的微博主要推送的是关于茶叶的相关知识，属于科普性的文章，题材涉及古树老茶的品鉴，什么是好的野生普洱茶，喝茶时怎么选择茶具，古代饮茶方法的演变等内容，目的是营造饮茶的氛围和让消费者受到茶文化的熏陶，并通过微博的收听和听众的方式向外进行传播。安铁的微信公众号通过设定一些有一定难度又比较有意思的问题来实现和消费者的互动，例如，依据自己的茶叶产品特点设置脑筋急转弯、社会热点话题等，实现与消费者的互动，效果比群发消息要好。比较成功的经验是他可以通过微信举办一个"我的茶馆"的主题活动，设置一些有趣的问题和消费者进行互动，例如："什么是中国申奥第一茶?""中国四大美女是貂蝉、西施等，那中国的四大名茶呢?""一天中最好的喝茶时间是?"当粉丝回复了"我的茶馆"后，系统将自动回复优惠信息，如获得优惠券、小米的充电宝等小礼品，可以将此作为引导顾客进行下一次网络或实体店消费的依据。再次，可以在朋友圈中进行深度的营销。因为喝茶是一种固定的习惯，进而会形成一个有着共同爱好的朋友圈。因此，茶企通过朋友圈的微信传播会更有针对性，效率更高。同时，朋友圈还具有信任性和私密性，对于营销内容的传播具有较好的效果。最后，可以通过微信的客服和顾客进行后期的互动，通过客户人员的回应，及时解决顾客的问题和投诉，在最短的时间内建立起企业和消费者沟通的桥梁，增加消费者的黏性。

4. 关于 O2O 营销的对策建议

在第 7 章针对 O2O 营销的研究中发现，在 O2O 营销对于服务到忠诚行为的调节模型中，接受 O2O 营销的群体更倾向于达到忠诚行为，系数为 0.857，远大于不接受的 0.218。此研究结论说明，茶叶企业在平时的常规促销中，应该加入 O2O 营销的方式，从而吸引更多的忠诚行为消费者。茶叶企业在线下主要以连锁店为主，因此可以利用全国实体店让顾客进行茶叶的品鉴，可以通过茶园旅游、茶庄园的休闲度假、茶文化的纪念品、茶文化讲座和学术交流、评茶会、斗茶会等形式宣传茶文化，通过一个统一的"茶文化"的主题，从消费者的视听、感官、身体力行等方面全面地渗透茶文化。在线的网络店铺，主要负责微博、微信、论坛等网络资源的推广，以此达到线下线上的配合，可以达到节约推广成本的目的，并且能更好地符合现代消费者关于网络化、信息化的购买习惯。在全国的连锁店中，配备无线的上网区域，这样就可以将有限的店面扩充为无线的商业空间。消费者可以通过实体店的网络进行在线购买，为了促进网络的销售，线上的商品可以有更大力度的优惠和折扣，以引导消费者到网上进行操作和选购，而实体店的功能更多地表现为茶叶产品的展示和茶文化的宣传推广。消费者在网络上选购了心仪的产品后，因为茶叶的品质和口感是需要品鉴和体验的，所以消费者可以来实体店进行实地的感受，并且实体店会配合各种茶文化的活动进行茶叶文化的推广，使消费者不仅购买了一种商品，更加获得了一种服务，一种茶文化的体验式营销。如果消费者在实体店看到了某种茶叶品种，也可以在实体店进行选购、浏览、付款，完全打破了之前线上、线下购买与付款的限制，实现了线上与线下的相互融合，更好地服务于消费者。其次，茶叶企业需要通过O2O营销方式获取大量的互联网数据，例如，可以收集顾客的喜好与购买习惯等，甚至可以收集顾客的居住地，经常挑选的商品，在某一商品上停留的时间，每月对于固定商品的开支等信息，这些重要的顾客资料都可以在线上的后台中加以分析和处理，以形成重要的顾客或潜在顾客的营销依据。这些个性化的数据信息可以进行用户的深入挖掘，茶叶企业如果掌握了这些重要的用户数据，就可以大大提高对于老顾客的维护与营销力度。通过挖掘消费者的顾客档案，从而与消费者建立更加密切的联系，逐渐培养忠诚行为的消费群体。

8.3　研究的不足与后续的研究设想

8.3.1　本研究的不足之处

第一，由于调研经费、调研人员等因素的限制，本研究的调查对象主要针对福建省的主要茶叶消费市场展开，涉及的是福建省几个地市的茶叶品牌店的消费情况。但是并没有研究其他省份的消费者样本情况，其他省份的消费者可能还具有其独特的地域特征，这些都是需要进一步讨论的问题。

第二，消费者忠诚行为的形成是一个复杂的过程，可能由于调研的时间不同而产生差异。而本研究只是选取了截面数据作为调研的对象，而没有考虑消费者随着时间的变化过程。以后可能需要针对固定的观测点进行连续性的观察，积累五年以上的数据进行分析，从而找出在忠诚行为形成过程具有时间动态变化的结论。

第三，在茶叶消费者特征对于忠诚行为的调节效应方面，考虑到研究的经费限制、研究的重点和特色，只选取了茶叶消费者特征对于服务品质到忠诚行为之间的路径的调节效应检验。但是从理论上分析，茶叶消费者特征对于忠诚行为形成的其他路径方面也应该有调节效应，例如，茶叶消费者特征在品牌形象和忠诚行为之间、在转换成本和忠诚行为之间等等。之后的研究可能会拓展到其他的方面，以得到更多的关于忠诚行为形成的结论。

8.3.2　本研究的后续的研究设想

第一，今后的研究重点将放在扩大样本的范围方面，着重研究其他的地区、其他的国家的不同消费者的消费偏好，不同地域的文化、风土人情、社会习俗等存在差异，应试图找到地区的差异性和消费特色。另一方面，在本研究中，没有区分茶叶的类别的营销差异，在全国的六大茶类乌龙茶、红茶、黄茶、黑茶、白茶、绿茶的营销中，是否存在着不同种类的差异性？这些都是需要在将来检验的问题。

第二，在茶叶消费者的忠诚行为形成过程中，应该更加关注消费者随着时间变化的时间序列特征。随着我国经济不断发展，消费者的生活方式也发生了翻天覆地的变化。因此，将来的研究将着重于连续时间的固定、跟踪式观测，以得到不同时间节点上的消费者特征。

第三，在消费者的忠诚行为形成方面，应该综合考虑社会、经济、法律、文化等因素，通过结合国内外的经典文献，充分挖掘忠诚行为形成过程中的宏观因素。因为本研究多从微观的消费者消费情况入手，通过市场调研得到结论，而没有研究宏观的一些影响因素。因此，将来的研究将侧重于宏观的影响，着重全面展示消费者的忠诚行为的形成机理过程。

附录一：调查问卷

尊敬的先生/女士：

下面是一份关于顾客对茶叶消费的调查问卷，该调查的目的是为了了解您对茶叶消费的有关情况。您的积极合作和参与将会对我们的研究工作起到重要的推进作用。我们只是想了解您在这些问题上的真实看法，您不必署名，问题也没有对错之分，所得的数据纯粹作为学术研究，请放心填写全部的项目。请您仔细阅读每部分的指导文字及问题，按自己的实际感受完整地填写问卷。谢谢您的大力支持！此致

敬礼！

一、个人基本情况（请在相应的空格里划"√"）

1. 您有购买过茶叶吗？

　　□没有　　　　□有

2. 您的性别

　　□男　　　　　□女

3. 您购买茶叶的用途是？

　　□自己饮用　　□送给别人饮用

4. 您的年龄是？

□20岁以下　　□20~30岁　　□30~40岁

□40~50岁　　□50~60岁　　□60岁以上

5. 您的可支配的平均收入是？

□2000元以下　　　□2000~4000元　　　□4000~6000元

□6000~8000元　　□8000~10000元　　□10000元以上

6. 您的受教育程度是？

□初中及以下　□高中/中专　□大专/本科　□硕士及以上

7. 您是否能接受微营销？

□不能　　　□能

8. 您是否能接受020营销？

□不能　　　□能

9. 您的饮茶的时间有多久了？

_____（填写您饮茶的实际年限，如1年、5年等）

二、茶叶消费情况调查（下面是您对茶叶的认识与评价，您预计消费情况在多大程度上符合下列问题的描述，请您对下列各问题的认可程度打分。其中最高分7分，表示非常同意；6分表示同意；5分表示稍微同意，4分表示没意见，3分表示稍微不同意，2分表示不同意，最低分1分表示非常不同意。）

因素	测量项目	1	2	3	4	5	6	7
模块一	与服务人员交谈时，我喜欢与他们交流							
	对于该茶叶店所提供的茶叶价格，我感到满意							
	该茶叶品牌提供的产品比预期的要好							
	我觉得该茶叶店所提供的服务设备,如品茶区、包厢、茶艺表演区很完备							
	该茶叶店所提供多样化的付款方式,如信用卡、货到付款、微信支付、先消费后付款等，让我觉得很方便							

因素	测量项目	1	2	3	4	5	6	7
模块二	如果换到其他茶叶店消费，我会需要花费很多时间重新与销售人员建立关系							
	如果换到其他茶叶店消费，我会需要花费很多时间重新适应新茶店所提供的茶叶口感与品质							
	我已习惯原来这家茶叶店员工的服务方式，所以不想到别家购买							
	如果换到其他茶叶店消费，我还要在路途上花费更多的时间和精力							
模块三	该品牌茶叶所在产地的茶文化氛围好							
	该品牌茶叶所表达的含义和我的期望一致							
	该品牌茶叶占有较强的市场领导地位和竞争力							
	我清楚地知道该品牌茶叶的消费者类型							
	我身为该品牌茶叶的顾客感到有面子							
模块四	即使该茶叶店调高价格，但只要是在合理范围内，我仍愿意在此消费							
	相比于其他饮料、果汁等产品，即使该茶叶店的茶叶价格较贵，我仍愿意继续在此消费							
	即使购买后发现价格比较贵，我仍认为是值得的							
	如果有茶叶的需求，我会经常购买该茶叶店的茶叶							
模块五	该茶叶店地理位置标示清楚，易于辨识							
	该茶叶店的位置易于停车							
	该茶叶店的商品分类陈列，店面环境整洁							
	该茶叶店的服务人员穿着整洁，仪容端正							
	该茶叶店所销售的茶叶质量良好，茶汤、叶底、香气、口感等较好							
	该茶叶店在有机茶、可追溯体系、农资监管等方面做了很多努力							
	在该茶叶店在当地的质检部门的抽检中，没有出现农残等质量问题							

因素	测量项目	1	2	3	4	5	6	7
模块五	在每一个茶季，该茶叶店提供的同款春茶和秋茶的品质是一致的							
	该茶叶店的服务人员很乐意帮助顾客解决茶叶的需求							
	该茶叶店的服务人员会迅速响应顾客的要求							
	该茶叶店的服务人员有能力解决顾客的问题							
	该茶叶店会主动告知未来将要提供的服务和优惠活动							
	我信任该茶叶店服务人员提供给我的信息							
	我认为该茶叶店有给予员工适当的茶艺、茶道、茶文化方面的训练							
	该茶叶店的服务人员对顾客一直很有礼貌							
	该茶叶店会提供顾客个性化的服务							
	该茶叶店营业时间长、方便购物							
	该茶叶店服务人员会知道顾客的需求							
	该茶叶店会提供产品快递服务或送货上门							

本次问卷到此结束，十分感谢您的支持和配合！

附录二：R 语言程序计算样本数

```
> #Computation of minimum sample size for test of fit
> rmsea0 <- 0.05 #null hypothesized RMSEA
>rmseaa<- 0.01 #alternative hypothesized RMSEA
> d <- 629 #degrees of freedom
>alpha<- 0.05 #alpha level
>desired<- 0.8 #desired power
> #do not resize the note
> #initialize values
>pow<- 0.0
> n <- 0
> #begin loop for finding initial level of n
>while (pow<desired) {
+   n <- n+100
+   ncp0 <- (n-1)*d*rmsea0^2
+   ncpa<- (n-1)*d*rmseaa^2
+   #compute power
+   if(rmsea0<rmseaa) {
+   cval<- qchisq(alpha,d,ncp=ncp0,lower.tail=F)
```

```
+   pow<- pchisq(cval,d,ncp=ncpa,lower.tail=F)
+   else {
+   cval<- qchisq(1-alpha,d,ncp=ncp0,lower.tail=F)
+   pow<- 1-pchisq(cval,d,ncp=ncpa,lower.tail=F)
> #begin loop for interval halving
>foo<- -1
>newn<- n
>interval<- 200
>powdiff<- pow - desired
>while (powdiff>.001) {
+   interval<- interval*.5
+   newn<- newn + foo*interval*.5
+   ncp0 <- (newn-1)*d*rmsea0^2
+   ncpa<- (newn-1)*d*rmseaa^2
+   #compute power
+   if(rmsea0<rmseaa) {
+   cval<- qchisq(alpha,d,ncp=ncp0,lower.tail=F)
+   pow<- pchisq(cval,d,ncp=ncpa,lower.tail=F)
+   else
+   cval<- qchisq(1-alpha,d,ncp=ncp0,lower.tail=F)
+   pow<- 1-pchisq(cval,d,ncp=ncpa,lower.tail=F)
+   powdiff<- abs(pow-desired)
+   if (pow<desired) {
+   foo<- 1
+   if (pow>desired) {
+   foo<- -1
>minn<- newn
```

```
>print(minn)

[1] 64.25781

>


> #Computation of minimum sample size for test of fit

> rmsea0 <- 0.05 #null hypothesized RMSEA

>rmseaa<- 0.08 #alternative hypothesized RMSEA

> d <- 629 #degrees of freedom

>alpha<- 0.05 #alpha level

>desired<- 0.8 #desired power

> #do not resize the note

> #initialize values

>pow<- 0.0

> n <- 0

> #begin loop for finding initial level of n

>while (pow<desired) {

+   n <- n+100

+   ncp0 <- (n-1)*d*rmsea0^2

+   ncpa<- (n-1)*d*rmseaa^2

+   #compute power

+   if(rmsea0<rmseaa) {

+   cval<- qchisq(alpha,d,ncp=ncp0,lower.tail=F)

+   pow<- pchisq(cval,d,ncp=ncpa,lower.tail=F)

+   else

+   cval<- qchisq(1-alpha,d,ncp=ncp0,lower.tail=F)

+   pow<- 1-pchisq(cval,d,ncp=ncpa,lower.tail=F)

> #begin loop for interval halving
```

```
>foo<- -1
>newn<- n
>interval<- 200
>powdiff<- pow - desired
>while (powdiff>.001) {
+   interval<- interval*.5
+   newn<- newn + foo*interval*.5
+   ncp0 <- (newn-1)*d*rmsea0^2
+   ncpa<- (newn-1)*d*rmseaa^2
+   #compute power
+   if(rmsea0<rmseaa) {
+   cval<- qchisq(alpha,d,ncp=ncp0,lower.tail=F)
+   pow<- pchisq(cval,d,ncp=ncpa,lower.tail=F)
+   else
+   cval<- qchisq(1-alpha,d,ncp=ncp0,lower.tail=F)
+   pow<- 1-pchisq(cval,d,ncp=ncpa,lower.tail=F)
+   powdiff<- abs(pow-desired)
+   if (pow<desired) {
+   foo<- 1
+   if (pow>desired) {
+   foo<- -1
>minn<- newn
>print(minn)
[1] 42.77344
```

参考文献

◎ 毕达天，邱长波，2014. B2C 电子商务企业——客户间互动对客户体验影响机制研究 [J]. 中国软科学（12）：124-135.

◎ 布莱思，2003. 消费者行为学精要 [M]. 北京：中信出版社 .

◎ 曹淑华，张谋贵，2003. 我国茶叶产业发展的问题及对策 [J]. 农业经济问题，24（10）：49-51.

◎ 陈凌文，2013. 基于消费者视角的茶叶企业品牌资产模型构建和实证研究 [J]. 林业经济问题，33（5）：471-475.

◎ 陈文沛，2014. 物流服务质量、网络顾客满意与网络顾客忠诚——转换成本的调节作用 [J]. 中国流通经济（10）：44-51.

◎ 程鹏飞，刘新梅，2011. 连续性服务业中企业形象对顾客转换意向的影响 [J]. 管理评论，23（7）：78-79.

◎ 崔萌，胡泓，陈继祥，2014. 转换成本新视角下电商平台用户忠诚度研究 [J]. 管理现代化（1）：30-32.

◎ 杜立婷，2015. 购买习惯与态度忠诚的混淆与辨析 [J]. 理论与现代化（3）：95-101.

◎ 邓之宏，李金清，王香刚，2013. 中国 C2C 交易市场电子服务质量、顾客满意和顾客忠诚实证研究 [J]. 科技管理研究，33（6）：188-191.

◎ 邓之宏，邵兵家，2013. 中国网络团购消费者满意度影响因素研究 [J]. 商业研究，55（4）：34-39.

◎ 段冰，2013. 基于结构方程的顾客满意度测评模型 [J]. 统计与决策（12）：48-50.

◎ 段莹，刘少群，陈丽佳等，2013. 中国茶叶国内外贸易环境解析 [J]. 农业考古（2）：216-219.

◎ 范秀成，杜建刚，2006. 服务质量五维度对服务满意及服务忠诚的影响——基于转型期间中国服务业的一项实证研究 [J]. 管理世界（6）：111-117.

◎ 方玲梅，2015. 消费者休闲购物行为特征研究——以苏州游客和居民为例 [J]. 华东经济管理（6）.

◎ 科特勒，凯勒，2001. 营销管理 [M]. 王永贵等，译. 北京：中国人民大学出版社.

◎ 冯锦军，谷娟，2013. 商场服务业顾客满意度影响因素的实证考察 [J]. 统计与决策（18）：89-92.

◎ 顾春梅，苏如华，2006. 汽车服务业服务质量、顾客满意度与顾客忠诚度的实证分析 [J]. 商业经济与管理（12）：60-64.

◎ 高水练，余文权，林伟明等，2014. 茶叶产业链运行绩效影响因素的作用路径研究——基于福建省 1036 个样本数据 [J]. 东南学术（2）：121-129.

◎ 国家质检总局质量管理司，清华大学，2003. 中国顾客满意指数指南 [M]. 北京：中国标准出版社.

◎ 胡田，郭英之，2014. 旅游消费者在线购买旅游产品的信任度、满意度及忠诚度研究 [J]. 旅游科学，28（6）：40-50.

◎ 胡振涛，项喜章，吴素春，2015. 武当道茶区域品牌忠诚影响因素的结构模型分析——基于消费者感知视角 [J]. 中国农业资源与区划，36（1）：38-43.

◎ 黄敏学，周学春，王长征，2014. 顾客越专业就越不忠诚吗？——基于基金投资者顾客专业度悖论的实证研究 [J]. 南开管理评论, 17 (1): 105-112.

◎ 贾新明, 刘亮, 2008. 结构方程模型与联立方程模型的比较 [J]. 数理统计与管理, 27 (3): 439-446.

◎ 贾新明, 2009. 顾客满意度指数可比性问题研究 [D]. 上海交通大学.

◎ 江用文, 陈宗懋, 2007. 我国茶叶产业自主创新能力发展分析 [J]. 中国科技论坛 (5): 42-44.

◎ 姜含春, 赵红鹰, 2009. 我国茶叶地理标志特性及品牌战略研究 [J]. 中国农业资源与区划, 30 (4): 58-63.

◎ 蒋廉雄, 卢泰宏, 2006. 形象创造价值吗? ——服务品牌形象对顾客价值、满意、忠诚关系的影响 [J] 管理世界 (4): 106-114.

◎ 蒋颖, 2007. 加强两岸农业合作提升中国茶叶国际竞争力 [J]. 林业经济问题, 27 (1): 79-83.

◎ 凯瑟琳·辛德尔, 2001. 忠诚营销:E 时代的客户关系管理 [M]. 阙澄宇, 史达, 刘红波, 译. 北京: 中国三峡出版社.

◎ 李书学, 2013. 江西省茶产业发展现状及对策研究 [J]. 农业考古 (5): 323-325.

◎ 李耀, 2014. 顾客主导逻辑下顾客单独创造价值——基于认知互动视角的实证研究 [J]. 中国工业经济 (1): 101-113.

◎ 李莹莹, 2008. 顾客茶馆体验影响因素的实证研究 [D]. 成都: 西南财经大学.

◎ 李玉萍, 2014. 服务失败情境下转换成本对顾客忠诚的影响研究 [J]. 技术经济与管理研究 (8): 63-66.

◎ 梁海红, 2013. 农产品区域品牌形象构成实证研究——以茶叶市场为例 [J]. 开发研究 (1): 119-122.

◎ 林春桃, 2013. 基于体验视角的乌龙茶品牌忠诚形成机理研究 [D]. 福州: 福建农林大学.

◎ 林宜铮,2001. 顾客转换因素之探讨——以移动电话门号业者为例 [D]. 台南:台湾成功大学.

◎ 刘承水, 戴俊良, 2007. 试论客户满意与忠诚的互动关系 [J]. 中央财经大学学报(1): 77-79.

◎ 刘春峰, 2012. 房地产企业形象对客户忠诚度的影响研究 [D]. 武汉: 华中师范大学.

◎ 刘志刚, 马云峰, 2003. 顾客忠诚度与顾客保留度分析 [J]. 武汉科技大学学报: 社会科学版(2): 33-35.

◎ 卢纹岱, 2002. SPSS for Windows 统计分析 [M]. 北京: 电子工业出版社.

◎ 卢秀龙, 吴声怡, 施生旭, 2012. 我国茶叶区域品牌资产评估模型及实证研究——以安溪铁观音为例 [J]. 湖北社会科学(9): 76-77.

◎ 卢秀龙, 吴声怡, 2012. 茶叶区域品牌资产提升的营销策略研究: 基于消费者视角 [J]. 福建省社会主义学院学报(1): 115-116.

◎ 卢秀龙, 吴声怡, 2012. 基于消费者的茶叶品牌选择影响因素分析——以福州市为例 [J] 福建论坛(人文社会科学版)(10): 159-160.

◎ 卢秀龙, 吴声怡, 2012. 基于消费者视角的区域品牌资产创建路径研究 [J]. 福建农业科技(9): 87-89.

◎ 陆娟, 芦艳, 娄迎春, 2006. 服务忠诚及其驱动因素——基于银行业的实证研究 [J]. 管理世界(8): 94-103.

◎ 陆娟, 张东晗, 2004. 消费者品牌忠诚影响因素实证分析 [J]. 财贸研究(6): 40-45.

◎ 陆娟, 2004. 服务忠诚驱动因素与驱动机理研究 [C] 中国营销科学学术会议论文集: 193-203.

◎ 吕庆华, 龚诗婕, 陈湃麒, 2014. 鞋服体育用品网购意向影响机理实证研究 [J]. 北京体育大学学报(2): 44-50.

◎ 吕庆华，郑淑蓉，刘伟等，2014.品牌依恋对运动鞋品牌忠诚的影响机理：运动鞋品牌承诺的中介作用 [J].上海体育学院学报，38（5）：32-39.

◎ 马志强，刘敏，朱永跃，2014.80后员工职业价值观与忠诚度关系研究 [J].技术经济与管理研究（1）：54-58.

◎ 波特，1997.竞争战略：分析产业和竞争者的技巧 [M].陈小悦译.北京：华夏出版社.

◎ 倪红耀，2013.B2C电子商务消费者重复购买影响因素研究——基于结构化方程模型的实证研究 [J].消费经济（3）：60-64.

◎ 宁连举，张玉红，2014.虚拟社区感对用户忠诚度影响的实证研究 [J].技术经济，33（11）：7-15.

◎ 任淑艳，2009.顾客忠诚度研究 [J].商业时代（22）：22-22.

◎ 荣泰生，2009.AMOS与研究方法 [M].重庆：重庆大学出版社.

◎ 苏祝成，童启庆，扬义群，2001.茶叶生产经营规模对经济绩效影响的实证研究 [J].茶叶科学，21（1）：57-60.

◎ 唐晓芬，2001.顾客满意度测评 [M].上海：上海科学技术出版社.

◎ 汪利虹，张冕，2014.物流客户服务与客户忠诚度关系的实证研究 [J].中南民族大学学报：人文社会科学版（1）：146-150.

◎ 王冰，杨载田，彭惠军，2013.新时期湖南茶产业及其发展探索 [J].农业考古（5）：287-290.

◎ 王珏，2014.基于钻石模型的江西茶产业竞争力分析 [J].农业考古（5）：332-337.

◎ 王林，曾宇容，2005.电子商务时代的客户忠诚管理 [J].科技管理研究（25）：106-108.

◎ 卫龙宝，李静，2014.我国茶叶产业集聚与技术效率分析 [J].经济问题探索（2）：58-62.

◎温碧燕，童梦诗，2014. 顾客感知购物价值构成维度及其与购物满意度的关系研究 [J]. 商业研究，56（6）：134-143.

◎吴金南，尚慧娟，2014. 物流服务质量与在线顾客忠诚——个体差异的调节效应 [J]. 软科学，28（6）：113-116.

◎吴明隆，2010. 结构方程模型：AMOS 的操作与应用 [M]. 重庆：重庆大学出版社.

◎吴晓云，路复国，陈怀超，2011. "台湾茶"区域品牌进入大陆市场的品牌拓展战略 [J]. 未来与发展（10）：61-65.

◎吴志丹，2009. 中国有机茶发展动态与若干对策 [J]. 中国农学通报（2）：246-249.

◎吴忠华，2014. 第三方物流公司顾客满意度与忠诚度 [J]. 中国流通经济（5）：101-105.

◎谢向英，陈小玲，余忠，2012. 福建茶业品牌生态系统的指标构建与评价 [J]. 中国农学通报，28（8）：124-131.

◎谢向英，杨江帆，杨朝英，等，2013. 地理标志品牌成长下的福建茶叶企业行为特征研究 [J]. 林业经济问题，33（1）：74-79.

◎谢云山，2005. 试论云南茶叶现状与出路——以普洱茶为例 [J]. 生态经济（1）：102-105.

◎邢文祥，韩华，2014. 电子商务消费者重复购买行为影响因素研究 [J]. 学术论坛（11）：67-71.

◎徐小义，2004. 浙江茶叶产业国际竞争力分析 [J]. 中国农业资源与区划，25（3）：30-34.

◎许琦，2013. 农村观光旅游服务质量、游客满意度与游客忠诚度关系及实证研究 [J]. 哈尔滨商业大学学报：社会科学版（4）：113-119.

◎杨江帆，2011. 福建茶叶企业有机茶生产激励政策研究 [J]. 东南学术（3）：

135-141.

◎ 杨韫，颜麒，2014. 酒店顾客转换成本效应研究 [J]. 学术探索（10）：66-69.

◎ 姚唐，郑秋莹，邱琪，等，2014. 网络旅游消费者参与心理与行为的实证研究 [J]. 旅游学刊，29（2）：66-74.

◎ 叶晓明，2011. 农产品区域品牌形象与品牌忠诚关系研究——以茶叶为例 [D]. 杭州：浙江工商大学.

◎ 易丹辉，2008. 结构方程模型：方法与应用 [M]. 北京：中国人民大学出版社.

◎ 张飞相，杨扬，陈敬良，2014. 图书在线消费者忠诚度影响因素的实证研究 [J]. 中国流通经济（11）：36-43.

◎ 张圣亮，袁佳，李小东，2015. 电子商务平台顾客忠诚影响因素研究 [J]. 管理现代化，35（1）：31-33.

◎ 张伟豪，2011. SEM 论文写作不求人 [M]. 高雄：三星统计服务有限公司.

◎ 张悟移，王建华，2002. 云南省茶叶特色产业链构建 [J]. 经济问题探索（7）：104-107.

◎ 张欣瑞，李晋生，2010. 品牌忠诚形成的驱动因素及其作用机理——基于手机品牌的实证研究 [J]. 企业经济（9）：52-55.

◎ 张新安，田澎，2007. 顾客满意与顾客忠诚之间关系的实证研究 [J]. 管理科学学报，10（4）：62-72.

◎ 张言彩，王永贵，2014. 企业—顾客双向忠诚的动态耦合机制概念框架——基于心理契约理论的视角 [J]. 财经问题研究（11）：141-144.

◎ 浙江大学 CARD 中国农业品牌研究中心，中国茶叶品牌价值评估课题组，2013. 中国茶叶企业产品品牌价值评估报告 [J]. 中国茶叶，35（5）：13-19.

◎ 郑文清，胡国珠，冯玉芹，2014. 营销策略对品牌忠诚的影响：顾客感知价值的中介作用 [J]. 经济经纬，31（6）：90-95.

◎ 周皓，刘钢，2015. 微博用户忠诚度的影响机制分析 [J]. 现代情报，35（2）：

154-158.

◎ 周伟忠，2011. 木地板产品顾客满意度理论与实证研究 [D]. 南京：南京林业大学.

◎ 周学军，杨勇，2014. 基于 SEM 的休闲避暑地游客满意度及忠诚度关系研究——以重庆市黄水镇为例 [J]. 资源开发与市场，30（2）：231-234.

◎ 朱振中，李晓丹，程钧谟，2014. 基于品牌至爱的品牌忠诚形成机制研究 [J]. 外国经济与管理（11）：33-44.

◎ ALTMAN D G, J MARTIN B, 2003. Interaction revisited: the difference between two estimates[J]. *British Medical Journal*, 326(3):1339-1345.

◎ ANDERSSON L M, BATEMAN THOMAS S, 1997. Cynicism in the workplace: some causes and effects[J]. *Journal of Organizational Behavior*, 18(5):449-469.

◎ AULAKH P S, GENCTURK E F, 2000. International principal—agent relationships: control, governance and performance[J]. *Industrial Marketing Management*, 29(00): 521-538.

◎ BALL R J, AGARWALA R,1969. An econometric analysis of the effects of generic advertising on the demand for tea in the U.K.[J].*European Journal of Marketing*, 3(4):202-217.

◎ BARON R M, KENNY D A, 1986. The moderator-mediator distinction in social psychological research: Conceptual, strategic, and statistical considerations[J]. *Journal of Personality & Social Psychology*, 51(6):1173-1182.

◎ BAYTON,1959. Researching the corporate image[J].*Public Relations*, 4(10):3-8.

◎ BEI L T, CHIAO Y C, 2001. An integrated model for the effects of perceived product, perceived service quality, and perceived price fairness on consumer satisfaction and loyalty[J]. *Journal of Consumer Satisfaction Dissatisfaction & Complaining Behavior* (14):125-140.

◎ BENTLER P M, Chou C P, 1987. Practical issues in structural modeling[J]. *Sociological Methods & Research*, 16(1):78-117.

◎ BEST A, ANDREASEN A R, 1977. Consumer response to unsatisfactory purchases: A survey of perceiving defects, voicing complaints, and obtaining redress[J]. *Law and Society Review*, 11(4):701-742.

◎ BIEDENBACH G, BENGTSSON M, MARELL A, 2015. Brand equity, satisfaction, and switching costs[J]. *Marketing Intelligence & Planning*, 33:164-178.

◎ BIEL, ALEXANDER L, 1993. How brand image drives brand equity[J]. *Journal of advertising research*, 6(11): 6-12.

◎ BUHI E R, PATRICIA G, NEILAND T B, 2007. Structural equation modeling:a primer for health behavior researchers[J]. *American Journal of Health Behavior*, 31(l): 74-87.

◎ BURNHAM T A, FRELS J K, MAHAJAN V, 2003. Consumer switching costs: A typology, antecedents and consequences[J]. *Journal of the Academy of Marketing Science*, (31):109-126.

◎ CARDOZO R N, 1965. An experimental study of customer effort, expectation, and satisfaction[J]. *Journal of Marketing Research*, 2(3):244-249.

◎ CHANG P C, CHUANG C L, CHUANG W C, et al, 2015. An examination of the effects of quality on customer loyalty: the automobile industry in Taiwan[J]. *Total Quality Management & Business Excellence*, 26(1-2):203-217.

◎ YOO C J, PARK J H, MACLNNIS D J, 1998.Effects of store characteristics and in-store emotional exprinces on store attitude[J].*Journal of Business Research*, 42(3):253-263.

◎ COPELAND M T, 1923. The Relation of Consumer's Buying Habits to Marketing Methods[J]. *Harvard Business Review*, 1(4):282-289.

◎ CRISTINA C P, MARK F L ,2015. Private labels: the role of manufacturer identification, brand loyalty and image on purchase intention[J]. *British Food Journal*(2): 164-179.

◎ CURETON E E, 1957. The upper and lower twenty-seven per cent rule[J]. *Psychometrika*, 22(3): 293-296.

◎ DAY G S, 1969. A two-dimension concept of brand loyalty[J]. *Journal of advertising research*, (3): 29-35.

◎ DAY R L, LANDON E L, 1976. Collecting Comprehensive Consumer Compliant Data By Survey Research[J]. *Advances in Consumer Research*, 3(1): 263-268.

◎ DAY R L, 1980. *Research perpectives on consumer complaining behavior*[M]// Lamb C W, Dunne P M. Theoretical developments in marketing: 74-87.

◎ DICK A S, BASU K, 1994. Customer loyalty: toward an integrated conceptual framework[J]. *Journal of the Academy of Marketing Science*, 22(2):99-113.

◎ DOBNI D, ZINKHAN G M, 1990. In search of brand image: A foundation analysis[J]. *Advances in Consumer Research*, 17(1):110-119.

◎ ANDERSON E W, SULLIVAN M W, 1993. The antecedents and consequences of customer satisfaction for firms[J]. *Marketing Science* (12):125-143.

◎ FORNELL, JOHNSON, ANDERSON, 1996. The American customer satisfaction index: nature, purpose and findings[J]. *Journal of Marketing* 60:7-18.

◎ FORNELL, 1992. National customer satisfaction barometer:the Swedish experience [J]. *Journal of Marketing*, 56(1):6-21.

◎ REICHHELD F F,1996.The loyalty effect: the hidden force behind growth, profits, and lasting value[M]. Brighton: Harvard Business School Press: 255-278.

◎ GREMLER D D, BROWN S W, 1996. Service loyalty: its nature, importance, and implications[J]. *Advancing service quality: A global perspective*: 171-180.

◎ GREMLER D D,1995. *The effect of satisfaction, switching costs, and interpersonal bonds on service loyalty*[D].Arizona State University.

◎ GRIFFIN J, 1995. *Customer loyalty:How to earn it and how to keep it*[M]. New York: Jossey-Bass.

◎ GRÖNROOS C, 1984. A service quality model and its marketing implications[J]. *European Journal of Marketing*, 18(4):36-44.

◎ HAIR J F, BLACK W C, ANDERSON R E, et al, 2009. *Multivariate data analysis* [M].Englewood Cliffs, NJ: Prentice Hall.

◎ HAMILTON K, WAGNER B, 2014. Commercialised nostalgia: staging consumer experiences in small businesses[J]. *European Journal of Marketing*, 48(5):813-832.

◎ HAY R, GARY E, 1974. Social responsibilities of business managers[J]. *Academy of Management Journal*, 17(01):135-143.

◎ HEIDE J B ,WEISS A M, 1995. Consideration and switching behavior for buyers in high-technology markets[J]. *Journal of Marketing*, 59(6):30-43.

◎ HENDON D W, WILLIAMS E L, 1985. Winning the battle for your customer[J]. *Journal of Consumer Marketing*, 2(4):65-75.

◎ Jacoby J, 1971. A model of multi-brand loyalty[J].*Journal of Advertising Research* (3):25-31.

◎ JANGHYEON N, EKINCI Y, WHYATT G, 2011. Brand equity, brand loyalty and consumer satisfaction[J]. *Annals of Tourism Research*, 38(3):1009-1030.

◎ KIM J W, LEE F, SUH Y G, 2015. Satisfaction and Loyalty From Shopping Mall Experience and Brand Personality[J]. *Services Marketing Quarterly* (1):62-76.

◎ KELLER K L, HOUSTON M J, 1998. The Effects of Brand Name Suggestiveness on Advertising Recall[J]. *Journal of Marketing*, 62(1):48-57.

◎ KELLER K L, AAKER, et al, 1992. The Effects of Sequential Introduction of

Brand Extensions[J]. *Journal of Marketing Research*, 29(1):35-50.

◎ KELLER K L, 1993. Conceptualizing,measuring and managing customer-based brand equity[J]. *Journal of Marketing*, 1(57):1-22.

◎ KIM M R, VOGT C A, KNUTSON B J, 2015. Relationships among customer satisfaction, delight, and loyalty in the hospitality industry[J]. *Journal of Hospitality & Tourism Research*, 39(2):170-197.

◎ KLEMPERER, 1987. Markets with consumer switching costs[J]. *Quarterly Journal of Economics*, 102(2):375-394.

◎ KLINE R B, 2011. *Principles and Practice of Structural Equation Modeling*[M]. New York: Guilford Press.

◎ LAM S Y, SHANKAR V, ERRAMILLI M K, et al, 2004. Customer value, satisfaction, loyalty, and switching costs: an illustration from a business-to-business service context[J]. *Journal of the Academy of Marketing Science*, 32(3):293-311.

◎ LAU G T, LEE S H, 1999. Consumers' trust in a brand and the link to brand loyalty [J]. *Journal of Market-Focused Management*, 4(4):341-370.

◎ MARTINEZ P, 2015. Customer loyalty: Exploring its antecedents from a green marketing perspective[J]. *International Journal of Contemporary Hospitality Management*, 27(5):896-917.

◎ LEE M, GONNINGHAM L F, FEICK, 2001. A cost/benefit approach to under-standing service loyalty[J]. *The Journal of Services Marketing*, 15(2): 221-252.

◎ LESSIG V P, 1973. Consumer store images and store loyalties[J]. *Journal of Marketing*, 37(4):72-75.

◎ LIN T C, HUANG S L, HSU C J, 2015. A dual-factor model of loyalty to IT product–The case of smartphones[J]. *International Journal of Information Management*, 35(2):215-228.

◎ LOEHLIN J C, 1992. *Latent Variable Models: An Introduction to Factor, Path, and Structural Analysis*[M]. Hillsdale, NJ: Lawrence Erlbaum.

◎ MACCALLUM R C, BROWNE M W, SUGAWARA H M, 1996. Power Analysis and Determination of Sample Size for Covariance Structure Modeling[J]. *Psychological Methods*, 1(2):130-149.

◎ MACKINNON D P, 2008. *Introduction to statistical mediation analysis*[M]. New York: Routledge.

◎ MEYER-WAARDEN L, 2015. Effects of loyalty program rewards on store loyalty [J]. *Journal of Retailing and Consumer Services* (24): 22-32.

◎ TSIROS M , MITTAL V,WILLIAM T, et al, 2004. The role of attribution in customer satisfaction: A reexamination[J]. *Journal of Consumer Research*(9):476-483.

◎ KIM M, CHRISTINE A V, BONNIE J K, 2015. Relationships Among Customer Satisfaction, Delight, and Loyalty in the Hospitality Industry[J]. *Journal of Hospitality & Tourism Research* (2):170-197.

◎ MOREIRA A C, SILVA P M, 2015. The trust-commitment challenge in service quality-loyalty relationships[J]. *International Journal of Health Care Quality Assurance* (28):253-266.

◎ OLIVER R L, RUST R T, VARKI S, 1997. Customer delight: Foundations, findings, and managerial insight[J]. *Journal of Retailing*, 73(97):311-336.

◎ OLIVER R L,1999. Whence consumer loyalty?[J]. *Journal of Marketing*, 63(2): 33-34.

◎ OLIVER R L, 1980. A cognitive model of the antecedents and consequences of satisfaction decisions[J]. *Journal of Marketing Research* (17):462-470.

◎ PARASURAMAN A, ZEITHMAL V A, Berry L L, 1985. A conceptual of service quality and its implications for furture research[J]. *Journal of Marketing* (49):40-48.

◎ PARASURAMAN A, ZEITHAML V A, BERRY L L, et al, 1994. Reassessment of Expectations as a Comparison Standard in Measuring Service Quaiity: implications for Furtiier Research[J]. *Journal of Marketing*, 58(1):111-124.

◎ PARASURAMAN A, ZEITHAML V A, BERRY L L,1988. Servqual: a multiple item scale for measuring consumer perceptions of service quality[J]. *Journal of Retailing*, 64(1):12-40.

◎ PARK C W, JAWORSKI B J, MACLNNIS D J, 1986. Strategic brand concept-image management[J]. *The Journal of Marketing*, 50(4):135-145.

◎ PETRICK J F, 2004. Are loyal visitors desired visitors?[J]. *Tourism Management*, 25(4):463-470.

◎ KOTLER P, 1989. From mass marketing to mass customization[J].*Strategy & Leadership* (17):10-47.

◎ KOTLER P, 1999. *Kotler on marketing*[M]. New York: Free Press: 21-22.

◎ PODSAKOFF P M, MACKENZIE S B, LEE J Y, et al, 2003. Common Method Biases in Behavioral Research: A Critical Review of the Literature and Recommended Remedies[J]. *Journal of Applied Psychology*, 88(5):879-903.

◎ POHLMAN A, MUDD S, 1973. Market image as a function of consumer group and product type: A quantitative approach[J]. *Journal of Applied Psycholog*, 57(2): 167.

◎ PORTER M E, LINDE C V D, 1995. Toward a New Conception of the Environment-Competitiveness Relationship[J]. *Journal of Economic Perspectives*, 9(4):97-118.

◎ PORTER M E, 1980. *Competitive strategy: Techniques for analyzing industries and competitors*[M]. New York: Macmillan.

◎ QIU H, YE B H, BAI B, et al, 2015. Do the roles of switching barriers on customer loyalty vary for different types of hotels?[J]. *International Journal of Hospitality*

Management (46):89-98.

◎ RANCHHOD A, GURAU C, MARANDI E, 2011. Brand names and global positioning[J]. *Marketing Intelligence & Planning*, 29(4): 353-365.

◎ REGAN W J, 1963. The service revolution[J]. *Journal of Marketing* (47): 57-62.

◎ REICHHELD F F, SASSER E W, 1990.Zero defections: quality comes to services [J]. *Harvard Business Review*, 68(5): 105-116.

◎ REICHHELD F F, 1993. Loyalty-based management[J]. *Harvard Business Review*, 71(2): 64-73.

◎ REINARTZ W, HOYER W D, 2004. The Customer Relationship Management Process: Its Measurement and Impact on Performance[J]. *Journal of Marketing Research*, 41(3): 293-305.

◎ BUZZELL R D, GALE B T, 1987. *Quality is king, The PIMS principles: linking strategy to performance*[M].New York: Free Press: 103-134.

◎ RUBIN D B, 1987. Multiple imputation for nonresponse in surveys[M]. NJ: Wiley.

◎ RUST R T, OLIVER R L, 1993. *Service quality: New directions in theory and practice*[M]. London: Sage Publications: 1-19.

◎ DERUYTER K, WETZELS M, BLOEMER J, 1998. On the relationship between perceived service quality, service loyalty and switching costs[J]. *International Journal of Service* (5): 436-450.

◎ SASSER W E, OLSEN R P, WYCKOFF D D, 1978. *Management of service operations: Text, cases, and readings*[M]. MA: Allyn & Bacon.

◎ SCHWARZ A, SCHWARZ C, RIZZUTO T, 2008. *Examining the "Urban Legend" of common method bias: nine common errors and their impact*[C]. Hawaii International Conference on System Sciences, Proceedings of the 41st Annual IEEE:441.

◎ SHOEMAKER C, LEWIS R C, 1999. Customer loyalty: The future of hospitality marketing[J]. *Hospitality management* (18):345-370.

◎ WU S I, WU C C, 1998. A proposed method for the development of marketing mix of the tea drink market[J]. *Asia Pacific Journal of Marketing & logistics*, 10(1):3-21.

◎ SINDELL K, 2000. *Loyalty marketing for the Internet Age: how to identify, attract, serve, and retain customers in an e-commerce environment*[M]. IL: Dearborn Financial Publishing, Inc..

◎ SINGH J, 1988. Consumer complaint intentions and behavior: definitional and taxonomical issues [J]. *Journal of Marketing*, 52(1):93-107.

◎ SIROHI N, MCLAUGHLIN E W, WITTINK D R, 1998. A model of consumer perceptions and store loyalty intentions for a supermarket retailer[J]. *Journal of Retailing*, 74(2):227-230.

◎ SPECTOR A J, 1961. Basic dimensions of the corporate image[J]. *The Journal of Marketing*, 25(6):47-51.

◎ TAX S S, BROWN S W, 1998. Recovering and learning from service failure[J]. *Sloan management review*, 40(1):78-88.

◎ TAYLOR S A, CELUCH K, GOODWIN S, 2004. The importance of brand

◎ equity to customer loyalty[J]. *The Journal of Product and Brand Management*, 13(4):4-5.

◎ WALTER C G, 1978. *Consumer behavior:an integrated framework*[M].New York:Richard D.Lnuin Inc.: 487-549.

◎ BOULDING W, KALRA A, STAELIN R, 1999. For an interesting analysis of the effects of different types of expectations[J].*Marketing science* (4): 463-484.

◎ WILLIAMS P, NAUMANN E, 2011. Customer satisfaction and business performance: a firm-level analysis[J]. *Journal of Services Marketing*, 25(1): 20-32.

◎ WOODSIDE A G, SHETH J N, BENNETT P D, 1977.*Consumer and industrial buyingbehavior*[M]. New York: North-Holland: 425-437.

◎ ZHENG X B, CHEUNG C M K, LEE M K O, et al, 2015. Building brand loyalty through user engagement in online brand communities in social networking sites[J]. *Information Technology & People*, 28(1):90-106.